L'ABBAYE

DE BOUXIÈRES.

Nancy, Imp. de A. LEPAGE, Grande-Rue, 14.

L'ABBAYE

DE BOUXIÈRES

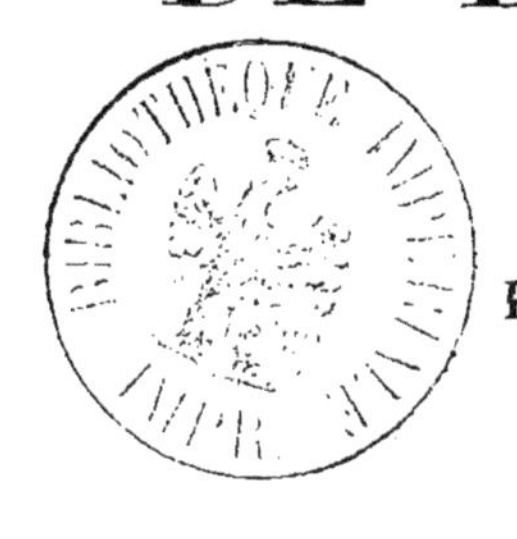

PAR HENRI LEPAGE.

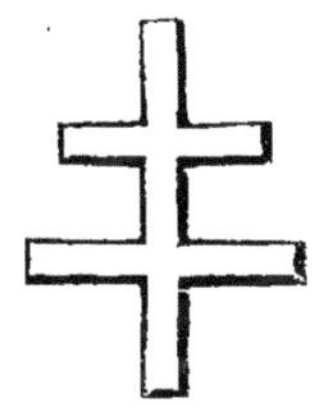

NANCY,

WIENER (aîné), FILS, LIBRAIRE-ÉDITEUR, RUE DES DOMINICAINS, 35.

1859.

L'ABBAYE

DE BOUXIÈRES.

I.

FONDATION DE L'ABBAYE. — SON HISTOIRE. — SA TRANSLATION A BON-SECOURS. — SA SUPPRESSION.

A six kilomètres environ et au nord de Nancy s'élève, sur la rive droite de la Meurthe, le village de Bouxières-aux-Dames, dont la double dénomination vient des plantations de buis (*buxus*) qui s'y trouvaient autrefois en grand nombre, et de la célèbre abbaye qui subsista dans ce lieu durant une période de huit siècles et demi.

Cette abbaye a été détruite, et Bouxières a perdu avec elle ce qui lui avait valu son illustration; mais il a encore pour lui, outre l'intérêt des souvenirs, une physionomie pittoresque qui mérite d'arrêter les regards.

Bâti sur le versant d'une montagne escarpée dont le pied baigne dans la rivière, il est comme divisé en deux parties distinctes : la plus basse renferme l'église paroissiale, édifice du xve siècle, qui en a remplacé un autre beaucoup plus ancien, et autour duquel sont groupées, à côté d'habitations rurales, de charmantes maisons de campagne. La partie supérieure est composée de constructions de toutes les époques qui, étagées, avec leurs jardins, sur des terrasses faites de main d'homme, semblent rangées sur les gradins d'un amphithéâtre.

Le sommet du village est couronné par une vaste plateforme, pelouse plantée d'arbres séculaires, d'où l'œil embrasse un panorama magnifique : d'un côté ce sont les villages de Frouard et de Pompey, bâtis au pied des collines sur lesquelles s'élevaient leurs châteaux, depuis longtemps détruits; c'est la vallée de la Moselle, s'ouvrant à gauche vers Liverdun, à droite vers Custines, le vieux Condé, qui garde à peine quelques débris de sa forteresse féodale. De l'autre côté, c'est la vallée de la Meurthe, où s'étend Champigneules et que dominent Pixerécourt, à demi-caché dans les arbres qui l'abritent; Maxéville, dont le nom rappelle un des plus piquants épisodes de notre histoire; Malzéville, aux côteaux couverts de vignes, et, dans le fond, Nancy avec ses clochers et ses tours, qui ferme majestueusement l'horizon.

Tous ces lieux sont peuplés de souvenirs, et Bouxières, entre autres, peut en invoquer qui remontent à des âges reculés. Son origine, en effet, date au moins de l'époque gallo-romaine : témoin la mise au jour, il y a quelques années, d'un *sudatorium* ou salle destinée à prendre des bains de vapeur[1], et, plus anciennement, de tombeaux qui ren-

1. Des débris de cet édifice sont déposés au Musée lorrain. (Voir le *Journal de la Société d'Archéologie*, septembre 1852.)

fermaient des objets appartenant aux derniers temps de l'Empire ou à la période mérovingienne.

Ce village, par sa situation près d'une vallée fertile, à proximité de deux rivières et d'immenses forêts, offrait toutes les conditions désirables pour l'établissement d'un de ces domaines ruraux où les riches seigneurs gallo-romains ou franks aimaient à se livrer aux plaisirs de la chasse et de la pêche.

Au reste, l'existence de Bouxières (*Buxariæ*) est formellement attestée par une charte de l'évêque Angelrame, de l'an 780, pour l'abbaye de Gorze[1], où l'on voit qu'une portion de son territoire faisait partie du domaine temporel des évêques de Metz, quoique dépendant, à ce qu'il paraît, pour le spirituel, du diocèse de Toul.

Dès le commencement du xe siècle, cette localité avait déjà acquis une sorte d'importance, puisqu'elle possédait, outre une église paroissiale dédiée à saint Martin, une chapelle en l'honneur de la Vierge Marie, érigée depuis longtemps sans doute, car elle tombait alors en ruines.

Par qui et à quelle époque cette chapelle et cette église avaient-elles été bâties? c'est ce qu'on ignore complétement, et la tradition, qui nous a conservé ces particularités, se borne à les mentionner.

Vers 935 (et c'est lui-même qui le raconte), Gauzlin[2], évêque de Toul, faisant une tournée pastorale dans son diocèse, découvrit, sur le versant d'une montagne au pied de laquelle était situé un village nommé Bouxières (*Buxeriæ*), une ancienne église (*basilica*) dédiée à la Sainte

1. D. Calmet, Histoire de Lorraine, 1re édit., t. I, pr., col. 288.
2. Je rétablis l'orthographe de ce nom d'après les chartes originales.

Vierge, mais négligée par indifférence; et comme il apprit que les affligés y étaient guéris par l'intercession de la Mère de Dieu, et que les peuples venaient en foule y déposer leurs vœux, il résolut de la rendre au culte divin en y établissant une congrégation de religieuses qui, sous la règle de saint Benoit, s'y dévoueraient au culte de Marie. Le Seigneur voulut que ce projet se réalisât, car le saint évêque ayant trouvé de pieuses filles qui, semblables à des brebis errantes, cherchaient la nourriture éternelle et désiraient se retirer dans quelque lieu solitaire pour y servir Dieu, il leur abandonna, sur leurs prières, la chapelle dont il a été parlé et mit à leur tête, pour diriger leur conduite, sous le titre d'abbesse, l'une d'entre elles nommée Rothilde. Afin de leur fournir les moyens de s'adonner librement aux exercices spirituels, le prélat songea à les pourvoir des choses temporelles : en conséquence, il leur donna, des biens de son évêché, l'église de Bouxières, placée sous l'invocation de saint Martin, avec les dîmes, les vignes et tout ce qui en dépendait, ainsi que ce qui appartenait dans ce lieu à l'église de Toul, tant en serfs des deux sexes qu'en terres, en vignes, en prés et en cens de la terre. Il leur donna également un alleu situé sur la Meurthe, au village de Champigneules (*in villa Campiniola*), et Pixerécourt (*Porchereia*), dont une dame noble, appelée Hérisinde, avait fait présent à son église[1], plus, dans le Chaumontois, au lieu d'Anthetviller, ce que lui avait abandonné Gundelinde, femme de Teutmarus. Nous réglons, ajoute le

1. Les trois chartes relatives à la donation de Pixerécourt se trouvent en original aux Archives, dans les papiers de l'abbaye de Bouxières. V. à la fin de cette notice les pièces justificatives I, II, III.

prélat dans la charte[1] par laquelle il consacre la fondation de Bouxières ; nous réglons que les serfs des religieuses qui auraient épousé des femmes de nos seigneuries, soit celles de notre domaine, soit celles que nous tenons à titre de bénéfice, puissent les conserver. Nous demandons qu'aucun de nos successeurs ne change rien à nos dispositions pour ce que nous avons donné ou voudrons donner par la suite ; qu'ils laissent les religieuses jouir librement de leurs biens, à condition qu'elles devront chaque année, le jour de la Purification, un cierge de deux livres de cire. Nous demandons qu'elles chantent chaque jour, pour notre salut, les psaumes *De profundis* et *Domine exaudi orationem meam*, et qu'à la fin de leurs prières, elles récitent l'oraison dominicale et la prière suivante : *Concede quæsumus*, etc. Nous voulons qu'elles élisent une abbesse régulière ; qu'elles restent soumises aux évêques de Toul, et qu'aucun d'entre ceux-ci n'ose détruire notre ouvrage, qu'au contraire, ils le conservent pour l'amour du nom de Dieu et de sa sainte Mère.

Bien que cette charte, émanée de saint Gauzlin lui-même, fût de nature à ne laisser aucun doute sur les circonstances qui avaient accompagné la fondation de l'abbaye de Bouxières, néanmoins des historiens et des légendaires se plurent à en imaginer de romanesques ou de merveilleuses pour poétiser le récit de cet événement.

Ainsi, Adson, abbé de Montier-en-Der, qui était pourtant contemporain de saint Gauzlin, le raconte à peu près

1. Dans D. Calmet, t. I, pr., col. 340-341. Cette charte faisait autrefois partie des archives de l'abbaye ; elle était enfermée seule dans une boîte noire, doublée en dedans de taffetas bleu. Elle a été donné, il y a un certain nombre d'années, à une personne qui l'a emportée à Vienne. Les diverses copies qui en existaient ont également disparu.

en ces termes[1]: L'évêque de Toul, dit-il, avait un frère nommé Hardrade, autant estimé pour sa valeur que pour sa probité. Un jour qu'il était à la chasse sur les bords de la Meurthe et qu'il poursuivait un sanglier, cet animal, poussé par les chiens, gagna la montagne située au-dessus du village de Bouxières et se réfugia dans un buisson d'épines. Hardrade le suivit, et voyant que les chiens n'osaient approcher du lieu où le sanglier s'était caché, il jugea qu'il y avait là quelque chose d'extraordinaire. Il descendit alors de son cheval, s'avança vers cet endroit et y découvrit, près d'un autel en ruines, les restes d'un bâtiment. Ayant raconté à son frère ce qui lui était arrivé, Gauzlin envoya dans le village et fit demander aux anciens ce qui se trouvait à cette place. On lui rapporta qu'il y avait eu autrefois, sous l'invocation de la Sainte Vierge, une église qui était tombée de vétusté et où l'on remarquait souvent de la lumière.

Sur ce récit, le prélat prit la résolution de rebâtir l'église; mais, comme le terrain appartenait à l'évêque de Metz Théodoric, il le lui demanda et lui offrit en échange le bâton de saint Pierre, qu'un de ses prédécesseurs, saint Mansuy, avait rapporté de Rome. Gauzlin y érigea l'église de Notre-Dame et en plaça l'autel sur le tronc même de l'arbre derrière lequel le sanglier avait cherché un asile.

Le bruit de ce qui était arrivé s'étant répandu au loin, attira dans ce lieu une infinité de personnes dont Dieu récompensa la foi et la dévotion en y faisant éclater de fréquents miracles. L'évêque, désirant y perpétuer le culte du Seigneur, résolut d'y établir une communauté de reli-

1. *Vita Episcoporum tullensium,* dans D. Calmet, t. I, pr., col. 131-132.

gieuses qui vécussent sous la règle de saint Benoît. Il choisit pour leur supérieure Rothilde, qui y vint avec une autre fille de vertu, dont on ignore le nom. Dès qu'elles s'y furent retirées, l'odeur de leur vertu amena de tous côtés beaucoup d'autres filles qui y vécurent longtemps dans une très-grande austérité. Pour procurer à ce nouvel établissement les choses nécessaires à l'existence, Gauzlin lui donna l'église de Bouxières avec ce qui en dépendait et la chapelle de Pixerécourt avec toute la dîme.

Tel fut, ajoute Adson, le commencement de l'abbaye de Bouxières qui, avec l'aide de Dieu, prit, dans la suite, de notables accroissements.

Plusieurs passages du récit de l'abbé de Montier-en-Der renferment des erreurs chronologiques qui permettent de douter qu'il en soit réellement l'auteur, et Dom Calmet[1] ne craint pas de dire que la manière dont ce religieux raconte la fondation de Bouxières « a beaucoup l'air d'une fable. »

Néanmoins, ce récit paraît bien moins fabuleux encore que la légende consignée dans les ve et vi^{e} leçons de l'Office des dames de Bouxières ; légende dont les principales scènes sont retracées dans un tableau que possède l'église du village, et qui provient sans doute des dépouilles de l'abbaye.

Suivant cette tradition, qu'une pieuse crédulité avait transmise presque jusqu'à nous, la Sainte Vierge, en l'honneur de qui Gauzlin avait exprimé plus d'une fois le vœu d'ériger une église, apparut une nuit au saint évêque et lui annonça qu'elle voulait exaucer sa prière. « Demain, lui dit-elle, dès le lever du soleil, prends tes chiens, et aussitôt que tu seras arrivé dans la forêt, une biche blanche se

1. T. I, col. 893.

montrera à toi; suis-la, et l'endroit où elle s'arrêtera et creusera la terre avec son pied sera celui où je veux que tu me bâtisses un temple. »

Gauzlin fit ce que la Mère de Dieu lui avait ordonné, et la biche lui apparut, et elle le conduisit jusque dans le bois qui s'élevait au-dessus du village de Bouxières, creusa la terre avec son pied, puis disparut subitement à ses regards.

Alors le prélat alla trouver Adalbéron[1], évêque de Metz, à qui appartenait le terrain où la biche s'était arrêtée, et, pour en obtenir la propriété, il lui donna le bâton de saint Pierre, la besace de saint Materne et un caillou qui avait servi au martyre de saint Etienne; reliques dont saint Mansuy avait fait présent à la cité des Leukes.

Aussitôt après, Gauzlin se mit à faire commencer son église; mais, avant qu'elle fût achevée, il survint une grande famine, et comme l'évêque manquait d'argent, il eut recours à sa divine protectrice. Alors la Sainte Vierge apparut à la reine de France et lui commanda de venir en aide à son pieux serviteur. Celle-ci fit charger trois chameaux et les laissa aller sans leur donner de conducteur, ainsi que la Mère de Dieu le lui avait prescrit. Les chameaux partirent et arrivèrent bientôt sur le bord de la Meurthe, en face du village de Bouxières, à l'endroit où se trouvait, sur l'autre rive, une nef destinée à passer les voyageurs. Cette nef se détacha d'elle-même et aborda près des chameaux, qui traversèrent ainsi la rivière. Un muet, qui était préposé à la garde du port, courut en avertir Gauzlin, lui racontant ce qu'il avait vu, et lui disant que Dieu lui avait rendu la parole. Or, les trois chameaux portaient, le premier des

1. Contradiction avec le récit d'Adson. V. D. Calmet, t. I, col. 893.

tapisseries et des ornements de soie pour l'église, le second de l'or et de l'argent, et le troisième des vivres.

Gauzlin, voyant que le moment était arrivé de consacrer son église, invita l'archevêque de Trêves, les évêques de Metz et de Verdun et tout le clergé des environs à venir assister à cette cérémonie. Ils se trouvèrent assemblés la veille de la Saint-Denis, dont le jour était choisi pour la solennité. Durant la nuit, Gauzlin pensa qu'il serait honteux pour lui que quelque chose manquât dans sa chapelle; il se leva donc, et étant arrivé à la porte, il l'ouvrit. Aussitôt ses yeux furent éblouis par une grande lumière, et il entendit les chœurs des anges qui chantaient déjà l'office de la consécration. Il se hâta d'appeler l'archevêque et les évêques, et ceux-ci s'étant rendus à l'église, ils virent ce que le prélat leur avait annoncé, assistèrent à l'office et ne se retirèrent qu'après avoir reçu la bénédiction.

Dès que la consécration fut achevée, un des officiants se leva et dit : « Je veux vous apprendre que celui qui a célébré l'office est le fils de la Bienheureuse Vierge, Jésus-Christ lui-même »; puis il annonça quelle indulgence serait accordée aux fidèles qui visiteraient cette église le jour anniversaire de sa consécration. Après ces paroles, ceux qui étaient dans le temple disparurent, et ceux qui étaient restés à la porte trouvèrent, en entrant, l'autel richement paré, avec le pavillon, le missel, le calice et le bénitier.

Gauzlin adressa alors une nouvelle prière à la Sainte Vierge afin qu'elle lui apprît par quelles religieuses elle voulait que son église fût desservie. Marie apparut au saint évêque et lui dit : « Va vers le pont Saint-Michel[1], et là viendront à toi trois femmes, l'une à six, l'autre à neuf

1. Sur la route de Nomeny à Pont-à-Mousson.

heures, et la dernière à midi. » Gauzlin fit ce qui lui avait été commandé, et il trouva les trois femmes, qu'il amena à son église, auxquelles il donna des statuts et assigna des prébendes. Ces filles vécurent sous la règle de saint Benoît et conservèrent le costume qu'elles avaient en arrivant[1].

A quelle époque cette légende naïve s'introduisit-elle dans l'Office des dames de Bouxières, et d'après quelle pieuse tradition conservée parmi elles fut-elle écrite? c'est ce qu'on ignore; ce qui paraît certain, c'est qu'elle fut toujours admise par les religieuses, qui, pour la rendre en quelque sorte parlante, la firent représenter dans un tableau qui existe encore aujourd'hui. Au milieu, on voit saint Gauzlin à genoux devant une chapelle qu'il semble offrir à la Sainte-Vierge, placée au-dessus de cet édifice et tenant l'enfant Jésus dans ses bras. A droite et à gauche de ce sujet principal sont des espèces de médaillons qui montrent saint Gauzlin endormi et l'apparition de la Sainte-Vierge; — l'évêque, en costume de chasseur, précédé de ses chiens; — des ouvriers travaillant à la construction de l'église; — le muet apercevant les chameaux; — la consécration de la chapelle, — et enfin Rothilde, accompagnée de deux autres femmes, portant toutes trois des costumes différents. Le tableau est surmonté d'un médaillon renfermant l'image du Saint-Esprit; au bas, il s'en trouve un dernier représentant la châsse de saint Gauzlin posée sur un autel, et la vénération de son chef, enfermé dans un reliquaire.

Quelle que soit la croyance qu'on doive ajouter aux faits rapportés dans cette légende, toujours est-il que l'abbaye de Bouxières semble avoir été, dès son origine, en grande

1. V. Lionnois, Hist. de Nancy, t. I, p. 595.

réputation : des pèlerins venaient en foule[1], de toutes parts, vénérer l'image de Notre-Dame, que saint Gauzlin avait placée sur l'autel après la dédicace de son église; et telle était, dit-on, l'affluence des fidèles, que, la chapelle étant trop petite pour les contenir, le prélat aurait été obligé de faire construire, sur l'esplanade qui domine le village, une espèce de chaire ou de tribune du haut de laquelle il faisait entendre sa parole au peuple. On montre encore aujourd'hui l'endroit où s'élevait ce monument qui, au dire des historiens, était en forme de tour ronde et massive, haute de dix à douze pieds environ et garnie d'un mur à hauteur d'appui[2].

Après avoir ajouté quelques donations[3] à celles qui ont

1. D. Calmet ajoute (Notice de la Lorraine) : « On y va encore aujourd'hui en pèlerinage le jour de la Sainte-Trinité. » Cette coutume a continué, jusqu'à l'époque de la Révolution, à être observée par les fidèles des paroisses voisines de l'abbaye. C'était, en particulier, une obligation pour les habitants de Bouxières-aux-Chênes. Ils marchaient processionnellement, conduits par leur curé, croix et bannière en tête. Chaque pèlerin recevait du chapitre un setier de vin de l'année et un petit pain de seigle confectionné exprès pour cette circonstance ; on donnait au curé une paire de souliers.

2. Il est probable que cette tour ne présentait qu'une petite circonférence, puisqu'une croyance populaire voulait que la jeune fille qui, le jour de la fête patronale, en faisait sept fois le tour sur ses genoux, fût mariée dans l'année.

3. Le « Sommier contenant l'analyse des titres de l'insigne chapitre de Bouxières », conservé à la Bibliothèque publique de Nancy, mentionne les suivants, avec une annotation portant qu'ils avaient été donnés au chapitre par saint Gauzlin avec les biens qui y sont énumérés :

Le premier est un diplôme de Charles-le-Simple, daté de la 20e année de son règne (913), et que Dom Calmet a fait imprimer dans ses preuves (t. I, col. 333) : Charles y confirme, à la prière de Drogon, évêque de Toul, et du comte Riquin, un précaire portant que l'archidiacre Angelramne a donné, des biens de Saint-Etienne (la cathédrale),

été précédemment rappelées, Gauzelin mourut, le 7 des ides de septembre 962, la 54e année de son ordination, et son corps fut apporté à l'abbaye de Bouxières qu'il avait choisie, de son vivant, pour le lieu de sa sépulture.

Les miracles qui avaient signalé l'érection de ce monastère se renouvelèrent sur le tombeau de son fondateur et devant l'image dont il avait enrichi son église. Vidric, au-

deux manses et les édifices en dépendant, deux serfs, Udierus et Fraoricus, avec cent jours de terre dépendant des mêmes manses, sis au comté du Chaumontois, dans le village nommé Port, sur la rivière de Meurthe (*in villa quæ dicitur Port, super fluvium Mort*), et a reçu en échange une église avec ses dépendances, dans le comté de Scarpone, au village de Saizerais (*in villa quæ vocatur Sasiriaca*), à condition que lui et Himon, son neveu, jouiront de ces biens pendant leur vie, et qu'à leur mort, ils retourneront à l'église de Toul.

Les deux autres titres sont ainsi analysés : « 923. Lettres de saint Gauzlin, données la seconde année de son pontificat et la première du règne de Rodolphe, par lesquelles il confirme certaines donations faites par Angelramne, son archidiacre, à l'église de Notre-Dame et de Saint-Etienne, de tous ses biens situés dans le Chaumontois, au village de Port-sur-Meurthe. »

« Sans date. Lettres de saint Gauzlin par lesquelles il déclare que le primicier de son église, Angelramne, et son neveu Hardouin ont donné à Dieu, à la Sainte-Vierge, à Saint-Etienne (la cathédrale) et aux chanoines de Toul ce qui leur appartenait dans le Saintois, savoir : à Clérey, deux manses ou familles de serfs, et au village dit *Escialus*, de semblables possessions. »

Enfin, les Inventaires des papiers de Bouxières, conservés aux Archives du département, mentionnent le titre ci-après, auquel ils n'assignent point de date : « Donation par Gauzlin aux religieuses moniales faisant leur résidence en sa chapelle solitaire assise sur la montagne qui est au-dessus du village de Bouxières, ès trois fruictiers 40 perches à l'entour de ladite chapelle pour leurs maisonnettes et un cimetière, et au quatrième fruictier tirant à la vallée jusques à la terre des hommes francs, avec une voie et un sentier pour porter leurs nécessités, et les dîmes qui se portent à l'autel Saint-Martin, qui est au village. »

teur de la Vie de saint Gérard, rapporte que, du temps de cet évêque, cette image rendit à un muet l'usage de la parole; et, suivant plusieurs historiens, ce fut en mémoire de cet événement que les dames de Bouxières prirent l'habitude d'entretenir un muet dans leur abbaye. Il était nourri dans la maison de l'abbesse et allait le premier à l'offrande, même avant cette dignitaire, le jour de la fête de saint Gauzlin[1].

On lit aussi dans la Vie de saint Clou, patron du prieuré de Lay, que, dans les temps de sécheresses extraordinaires ou de pluies excessives, les abbés de Saint-Mansuy et de Saint-Epvre de Toul apportaient processionnellement les châsses de leur patron à l'église de Bouxières pour implorer la clémence divine par l'intercession de la Sainte-Vierge et de saint Gauzlin.

On a vu que les premières donations faites à cette abbaye se bornaient à l'église du village et à ses revenus, à quelques propriétés situées à Champigneules, à Pixerécourt, à Port-sur-Meurthe, à Clérey, à *Escialus*, et dans une autre localité, également inconnue, que quelques chartes anciennes désignent sous le nom d'Anthetviller. Outre ces propriétés, elle possédait, en 942, ainsi que l'atteste une bulle d'Etienne VIII, ce que saint Etienne, c'est-à-dire la cathédrale de Toul, avait au village de Bouxières; l'église ou la cure de Saizerais avec ses dépendances; celle de Gironville, sur la Meuse, *in comitatu Bedensi* (pays de Void ?), et une vigne sur le mont Barine, au comté de Toul, données par le primicier Berhard[2].

1. Cette coutume ne se rattachait-elle pas plutôt à la légende dont il a été parlé. On verra, lors de la description de l'église, qu'il y avait, dans ses dépendances, un cimetière spécialement affecté aux muets.

2. D. Calmet, t. I, pr., col. 350.

Deux diplômes de l'empereur Otton II, des années 960 et 965, montrent que les biens de Bouxières s'étaient notablement accrus ; il possédait alors : dans le comté de Saintois, une église dédiée à saint Remy et située sur une montagne (Saint-Remimont?), donnée par Vorbirga, fille de Frambert, avec des prés, des terres et tout ce qui en dépendait ; l'église de Liverdun, au comté de Scarpone, avec ses dépendances, tant en terres qu'en prés, vignes et serfs des deux sexes ; l'église de Saizerais avec une vigne ; les églises de Pompey, de Rosières-en-Haie, de *Torreio villa* (Thorey?) et d'Aingeray ; les chapelles de Boudonville et de Blanzey ; l'église de Dommarie avec quatre manses et demi de terre ; un héritage à *Cirseio* (Sexey ?) et un manse à Villers-en-Haye, le tout donné par saint Gérard, évêque de Toul[1] ; — une église bâtie sur la montagne de Barine et dédiée à saint Michel ; une autre église dans le comté de Saintois, avec des terres, des prés et des maisons, provenant du don fait par Gerberge, fille de Frambertus ; — au village d'Essey (*ad Aciacum*) des terres, des prés, des vignes et des serfs des deux sexes, donnés par le même Frambertus pour ses filles Emma et Tinedrada qui, sans doute, avaient pris le voile à Bouxières ; — un domaine à Daherville (*in Dahervilla*), avec des terres, des prés, une vigne et ceux qui les cultivaient, donnés par un homme noble nommé Wilhelm ; au comté de Saintois, l'église de Vézelise (*ecclesiam nomine Vixiliensem*) et ce qui lui appartenait, tant en terres qu'en prés et en serfs des deux sexes, et un moulin, et tout ce que Heredo, prêtre, possé-

1. Cette donation est rappelée dans le Sommier de Bouxières, « vers 964. » Dom Calmet la place, certainement par erreur, à la date de 968. (T. I, preuves, col. 581.)

dait à Bouxières, donnés par l'abbé Odelric[1]; un domaine à Pixerécourt (*in Porteriaci curte*), donné par Hersinde; — un domaine à Mirecourt (*in Murci curte*), donné par Urson; — un autre domaine à Bezange (*in villa Besangia*), donné par Humbert; — un manse et une vigne dans le comté de Saunois, donnés par Hedemar; — le domaine de *Woldesinguesilla*, donné par Wauthier; — *Haveringivillam*, situé dans le comté d'Ornois, et tout ce qui en dépendait, avec les prés, bois, pâturages, terres cultivées et incultes, et les serfs des deux sexes; ce domaine donné par le comte Teutbert pour la sépulture de sa femme Duditte et l'offrande ou la dot de sa fille Rothilde; — deux manses avec les vignes et les terres au lieu nommé Sotzeling (*Sutsolingas*); la moitié d'une église et la moitié d'un alleu à Chènevières (*in loco qui dicitur Canaverias*), avec les terres cultivées et incultes, données par Sericus et son épouse Berthe; — enfin, un domaine à Lucey (*in Lusciaco villa*), donné par Etienne, etc.

Otton confirme tous ces biens à l'abbaye de Bouxières et maintient les religieuses dans le droit d'élire leur abbesse suivant la règle de Saint-Benoît[2].

La même année que celle où parut le second diplôme impérial, une dame nommée Idda avait fait don à Bouxières de l'alleu de Mangonville, au comté de Saintois; lequel al-

1. Le Sommier de Bouxières mentionne ainsi le titre de cette donation : « Environ 962. Lettres données sous le règne d'Othon, par lesquelles l'abbé Odelric donne à l'église de Bouxières une maison et deux vignes situées audit lieu, avec les familles de serfs pour les cultiver. Il donne encore à ladite église tout ce qu'il tenait du prêtre Heredo, et que celui-ci possédait à Bouxières. »

2. Le diplôme de 965 est imprimé dans Dom Calmet, t. I, pr., col. 372; quant à celui de 960, nous n'en possédons qu'une copie informe, mais que j'ai cru néanmoins devoir reproduire. V. pièce justificative IV.

leu, avec ses dépendances, serfs, champs, pâturages et bois, avait été donné à Volguin, son mari, par le duc Otton, après la confiscation prononcée contre le précédent possesseur par un jugement des *scabini*[1].

En 966, Grincardis (ou Ermenaidis), dame de Domjulien, donne le franc alleu qu'elle avait audit lieu à l'église de la vierge Marie, assise en la montagne de Bouxières, où ses deux filles bien aimées faisaient leur résidence[2].

A cette époque, Frédéric, duc de Lorraine, fut obligé d'intervenir dans une querelle survenue entre l'abbaye et un seigneur qui cherchait à la dépouiller de quelques-unes de ses propriétés. Un homme noble avait donné à cette abbaye, pour le salut de son âme, un manse et un quart de manse à Mirecourt (*in villa Murici curtis*), avec tout ce qui en dépendait, en vignes, prés, bois, pâturages, terres cultivées et incultes, eaux et cours d'eau, ainsi qu'un certain nombre de serfs avec leurs familles. Un autre homme noble, Ledricus, sa femme Ratsenna et les fils de celle-ci, Nortmannus et Flamerus, contestèrent aux religieuses la légitime possession de ces biens. Frédéric s'interposa entre les parties, les réconcilia, et, pour gage de paix et d'amitié, Ledricus et sa femme cédèrent à l'abbesse Rothilde un manse au lieu dit *Abbatis villa,* avec cent sous de deniers[3].

Les titres qui précèdent, et que j'ai cru devoir rappeler en raison des particularités curieuses qu'ils renferment, sont les plus anciens documents relatifs à l'abbaye de Bouxières; celle-ci en avait, dans ses archives, plusieurs

1. V. pièces justificatives V et VI.

2. Inventaires et Sommier des titres de Bouxières.

3. D. Calmet, t. I, pr., col. 377.

autres de la même époque; mais ils ont disparu[1], et il en reste seulement des analyses informes qu'il est impossible de reproduire.

Quant aux pièces du XIe siècle, une seule[2] nous a été

1. On lit, à ce sujet, dans un Mémoire rédigé en 1750 : « Le patronage de la cure de Séchamps et son annexe (Pulnoy) appartenait cidevant aux dames de Bouxières. Le malheur des guerres qui ont dévasté le pays *a tellement ruiné les archives de l'abbaye* qu'on n'y trouve aucun document qui fasse connaître d'où ce patronage et les dîmes lui sont provenues. »

Ce n'est pas seulement par suite des guerres qui désolèrent la Lorraine que les archives de Bouxières ont été dépouillées d'une partie des titres qu'elles possédaient. Des spoliations ou des détournements y ont eu lieu postérieurement à cette époque, puisque le Sommier, qui a été écrit dans le siècle dernier, mentionne, outre plusieurs titres rappelés plus haut, les deux suivants, dont il ne donne malheureusement qu'une mauvaise analyse :

« 976. Diplôme de l'empereur Otton II par lequel il ordonne la restitution de certains biens que le chevalier Richard avait enlevés à Ermengarde, abbesse de Bouxières, savoir : la moitié du bien situé au lieu dit *Mansionile Berenhardi*, ou petite métairie de Berenhard, sur le bord de la Moselle, dans le pays Toulois et le comté du Chaumontois, avec ce qui en dépend, en serfs de l'un et de l'autre sexe, bois, vignes, prés, moulins, terres cultivées et incultes, eaux, cours d'eaux, droits d'entrée et de sortie, à l'exception de l'église et d'une métairie franche. Il confirme, de plus, la donation faite à l'église de Bouxières d'un gagnage à Havoldange à Château-Salins (*sic*), qui lui avait été donné par Valterus, et la remet en possession dudit gagnage. »

« Vers 998. Charte de l'évêque Berthold par laquelle il confirme les donations faites par Hugo, chevalier, de sept familles *in Nortmanni curte in territorio Salinensi* et dans le comté de la Dame Polle (*sic*)..., une poêle dans les salines de Moyenvic. »

2. Dom Calmet a donné (t. I, pr., col. 402 et 403) la copie, « prise sur l'original », d'un diplôme de l'empereur Conrade, de 1027, portant confirmation des biens que l'abbaye de Bouxières possédait dans les villages de *Purneriaca*, *Morini*, *Grimaldi-villa*, *Basonpontis*, *Wihan*, *Bontfagi*, *Lucila*, et dans le Chaumontois, *in comitatu*

conservée; on[1] l'a déjà signalée à cause du sujet dont elle traite, et je me bornerai à en donner la substance.

Vers l'année 1070, l'abbaye de Bouxières avait fait établir un pont sur la Meurthe, au pied de la montagne sur laquelle le village est construit. Ce pont était appuyé sur un terrain appartenant aux religieuses; mais, comme le ban et le cours de la rivière étaient la propriété de l'abbaye de Saint-Arnould de Metz, à cause de son prieuré de Lay-Saint-Christophe, cette entreprise donna lieu, entre les deux monastères, à une contestation qui fut terminée, en 1073, par l'intervention de Pibon, évêque de Toul. Les religieuses s'engagèrent à payer, chaque année, à la Saint-Remy, un cens de douze deniers, et, à cet effet, un délégué de Saint-Arnould se tenait, ce jour-là, sur le pont, depuis la première heure jusqu'à la sixième; ce temps écoulé, l'envoyé se retirait, s'il n'avait rien reçu; toutefois, les religieuses pouvaient encore faire payer le cens jusqu'au soir au prieuré de Lay-Saint-Christophe; mais, à partir du lendemain, elles devaient acquitter le cens et une amende. Si le pont était emporté par la violence des eaux ou tombait faute d'entretien, et que les religieuses refusassent de

Ripaldi comitis. Il est difficile d'indiquer quelles sont les localités mentionnées dans ce diplôme : d'après les Inventaires des titres de Bouxières, les deux premières seraient Pulnoy et Moriviller. Parmi les autres, on croit reconnaître la cense de Bassompont, dépendant aujourd'hui de Rozelieures, et le hameau de Bonfays.

Le Sommier rappelle un autre titre du XIe siècle : c'est une charte de Pibon, évêque de Toul, « environ 1070 », lequel, à la prière de Hadvide, abbesse de Bouxières, confirme la donation faite à cette abbaye par Hugues et Sophie, son épouse, d'un alleu qui leur appartenait dans ce village, consistant en serfs de l'un et de l'autre sexe, prés, bois, terres cultivées et incultes. »

1. M. Digot, Hist. de Lorraine, t. I, p. 365.

le reconstruire, l'abbé de Saint-Arnould avait droit de rétablir les bacs qu'il possédait autrefois dans ce lieu, et de faire arracher les pilotis du pont qui auraient pu gêner le passage des bacs ou opposer des obstacles à la pèche[1].

On sait que le pont de Bouxières fut le théâtre d'un des derniers épisodes de la bataille de Nancy : c'est là que le comte de Campo-Basso, après avoir déserté les drapeaux de Charles-le-Téméraire, vint se poster pour massacrer ou faire prisonniers les Bourguignons qui avaient abandonné le champ de bataille pour chercher leur salut dans la fuite.

Dans le cours du xiie siècle, les donations se continuèrent en faveur du monastère fondé par saint Gauzlin : en 1115, Thierry, duc de Lorraine, voulant être participant aux bonnes œuvres qui s'accomplissent en l'abbaye de Sainte-Marie-du-Mont (*Beatæ Mariæ de Monte*), comme on l'appelait alors, lui octroie, pour la rémission de ses péchés et pour la dot de sa fille Hara, qui s'y était faite religieuse, son village de Bouxières avec ses dépendances, les hommes, la justice et les droits seigneuriaux, ainsi que les dîmes et le patronage de l'église Saint-Martin du même lieu[2].

Par une charte datée de son château de Nancy, le jour de Pâques 1130, Simon Ier déclare que, désirant suivre les pieux exemples de ses prédécesseurs, il a déposé sur l'autel de Sainte-Marie-du-Mont, ou de Bouxières, l'acte de donation de son église de Pixerécourt, avec les dîmes ; et pour que sa sœur Hara, qui est abbesse de ce monastère, ne soit pas frustrée de l'héritage paternel, mais en reçoive

1. « A cette époque (au xie siècle), ajoute M. Digot, il y avait des péages sur tous les ponts et sur toutes les routes, et il est bien probable que les ponts et les chemins étaient entretenus par les seigneurs ou les monastères qui percevaient le produit des péages. »

2. D. Calmet, t. II, pr., col. 264-265.

quelque portion, elle et ses religieuses, il leur a cédé une part des dîmes de ses villages de Malzéville et d'Agincourt (*de Margeville et Augecourt*)[1].

Malgré la vénération qui entourait l'abbaye de Bouxières, son patrimoine n'était pas toujours, ainsi qu'on l'a déjà vu, à l'abri de la rapacité des seigneurs. En 1136, Henri de Lorraine, évêque de Toul, fut obligé, à l'exemple du duc Frédéric, de faire restituer à cette abbaye des héritages qu'elle possédait à Bosserville, et dont un chevalier, nommé Henri, tentait de s'emparer. L'évêque confirma, en même temps, une donation précédemment faite par Hazela de Réméréville[2].

En 1156, le duc Mathieu Ier, à la prière de Hara, sa tante paternelle, prend sous sa sauvegarde les biens de l'abbaye de Bouxières, notamment ceux qu'elle avait reçus de son père Simon et de son aïeul Thierry; il lui donne, en outre, les dîmes qu'il avait à Champigneules et à Frouard (*in Champcgneulle et Froardo*) à raison de son droit de patronage, et tout le bois qu'il possédait sur la montagne de Bouxières jusqu'au moulin de Faulx (*usque ad molendinum de Faulx*)[3].

Vers 1160, l'abbesse Gertrude et Guillaume, abbé de Muraux, font un accord au sujet de quelques héritages que l'église de Bouxières avait à Bauzemont[4].

En 1176, Simon II, duc de Lorraine, à la demande de Berthe, sa mère, de ses frères Thierry, évêque de Metz, Ferry et Mathieu, de sa sœur Alidis, duchesse de Bour-

1. D. Calmet, pr., col. 290.
2. V. pièce justificative VII.
3. D. Calmet, t. II, pr., col. 347.
4. V. pièce justificative VIII.

gogne, pour le salut de l'âme de son père Mathieu et de la sienne, donne à l'abbaye de Bouxières le droit de pâturage sur le ban des deux villages de Faulx (*de duabus villis de Faulx*), dans les prés, les terres et les bois, les bois de maronage et de chauffage et le passage sur le même ban[1].

On trouve, vers la date de 1180, un titre contenant une formule de donation analogue à celle qu'on a dû remarquer dans la charte émanée de Simon Ier : un nommé Ansejus et Liecewide, sa femme, qui avaient acquis de l'abbaye de Bouxières, du temps de l'abbesse Mathilde, une vigne libre et franche de tous cens, déposent leur titre de propriété sur l'autel de la Vierge Marie, stipulant que le revenu de cette vigne sera affecté à l'entretien perpétuel d'une lampe placée devant l'autel; et l'abbaye leur accorde, en échange de ce don, l'inscription de leur nom sur le nécrologe de l'église et la célébration d'un anniversaire au jour de leur mort[2].

Vers la même époque, un chanoine de Liverdun avait donné aux religieuses un étang et deux moulins situés probablement sur le ban de Bouxières[3].

Ici s'arrête la série des documents qui m'ont semblé mériter d'être reproduits ou analysés comme se rattachant intimement à la fondation de l'abbaye de Bouxières, ou comme renfermant des particularités dignes d'être notées ; les documents d'une date postérieure n'offrent, en général,

1. D. Calmet, t. II, pr., col. 370-371.

2. V. pièce justificative IX. En 1532, une nommée Barbeline, veuve de Jean Georges, demeurant à Bouxières, donne à l'église Notre-Dame dudit lieu une demi-chopine d'huile de cens annuel et perpétuel pour l'entretien des lampes de l'église.

3. V. pièce justificative X.

qu'un intérêt très-secondaire, et je crois pouvoir me dispenser de les mentionner[1].

On a vu que, dès les années qui avaient suivi son établissement, et du vivant même de saint Gauzlin, l'abbaye de Bouxières était devenue le but d'un pieux pèlerinage; on ignore s'il en fut de même pour les siècles qui suivirent, du moins aucun monument, aucune tradition ne l'attestent. Il est cependant vraisemblable qu'il en fut ainsi, à en juger par deux faits, les seuls que j'ai pu découvrir.

Suivant Dom Calmet[2], lorsqu'en 1432 René Ier sortit de sa captivité, un de ses premiers soins fut d'aller rendre

1. Je citerai seulement les suivants qui sont rappelés, soit dans le Sommier, soit dans les anciens inventaires : 1137. Bulle d'Innocent II portant confirmation des biens de l'abbaye de Bouxières. — Environ 1140. Charte de Henri, évêque de Toul, lequel, à la prière de Uda, sa sœur, confirme ce que Hugues et Sophie, sa femme, avaient donné à l'église de Bouxières ; les deux quartiers de Thorcy, provenant de la donation d'Aia de Vaudémont ; le moulin donné par Malgerus sur un ruisseau appelé Molins, etc. — 1197. Donation par Udon, évêque de Toul, et par un nommé Gérard, du droit qu'ils avaient à la collation de l'église de Vézelise. — 1230. Donation par le duc Mathieu II aux religieuses de Bouxières du passage franc pour leurs voitures et autres choses dans ses Etats. — 1245. Donation par Thiébaut, comte de Bar, de cent soudées de terre de fors à prendre chaque année sur son passage de Pont-à-Mousson. — 1246. Donation par le duc Mathieu II de certain fourage d'avoine et de vin qu'il avait de rente sur les hommes de Bouxières. — 1277. Donation par Henri, comte de Vaudémont, du droit de nomination du maître de l'école de Vézelise.

Je citerai encore, parmi les documents anciens se rattachant à l'histoire de Bouxières, une charte de Henri de Lorraine, imprimée dans Dom Calmet (t. II, pr., col. 225), et deux chartes, l'une de Pierre de Brixey (1183), l'autre de Ricuin de Commercy (1243), évêques de Toul, relatives aux biens de l'abbaye à Liverdun, Malzey, Pompey, Rosières et les deux Saizerais. Ces dernières sont en original aux Archives.

2. T. II, col. 779.

grâces à Dieu dans l'église de Saint-Nicolas, puis il fit son pèlerinage à Notre-Dame de Bouxières, où se trouvèrent Mme Marguerite, palatine, sa belle-mère, la duchesse Isabelle; son épouse, et Antoine, comte de Vaudémont. Ce ne fut qu'après avoir accompli là ses dévotions, que le duc fit son entrée à Nancy.

René II et la pieuse Philippe de Gueldres avaient aussi, à ce qu'il semble, grande confiance à Notre-Dame de Bouxières, car ce fut sous sa toute puissante protection qu'ils placèrent le plus illustre de leurs enfants. Dans les premiers jours d'octobre 1496, René faisait porter dans l'église et placer devant l'image de la divine patronne de l'abbaye un cierge du poids de cent huit livres, décoré des armoiries de la duchesse[1]; et le 20 du même mois, Philippe

1. *Despence pour le cierge que le Roy a fait offrir à Nostre Dame de Bouxières, pesant cent viij livres.*

A Claude-Savoie, de Sainct Nicolas, pour cent huit livres cire à raison de iiij gros et demi l'une, vallant quarante frans six gros, lesquelz six gros sont de rabetz et rien compté; pour ce............. xl fr.

A Philebert, cyrier, demeurant audit Sainct Nicolas, pour avoir mis en œuvre lesdites c viij livres cire ou (au) cierge dessusdict. iij fr. vj gr.

Pour la despence de luy et d'un aultre cirier par deux jours audit Bouxières actandant que ledit cierge fust offert, à chacun troys gros, que sont.. vj gr.

A Jehan Pottier, dudit Sainct Nicolas, pour avoir amené ledit cierge dudit Sainct Nicolas audit Bouxières...................... vj gr.

A Fenault, charpentier, dudit Sainct Nicolas, pour avoir fait la custode à mectre ledit cierge et fourny de planches affin qu'il ne se rompît, pour ce....................................... ix gr.

A Jehan, verrier, de Nanci, pour avoir fait ung grant escusson aux armes de la Royne, lequel a esté affiché audit cierge, pour ce.. vj gr.

A Didier, sarrurier, dudit Nanci, pour avoir fait une grande broche de fer pour asseoir ledit cierge, et pour deux livres plomb à cramponner ladite broche, pour ce.............................. iiij gr.

Somme toute xlvj fr. j gr.

donnait le jour à Claude de Lorraine, la souche de la fameuse maison de Guise.

Il est probable que l'abbaye de Bouxières continua à prospérer sous la protection que lui accordaient nos ducs[1], et grâce à la vénération des peuples pour ce lieu, sanctifié par des miracles. Mais le prestige qui l'entourait fut impuissant pour arrêter la fureur des bandes armées qui, au XVIIe siècle, avaient envahi la Lorraine, portant partout le fer et la flamme et ne respectant pas même l'enceinte, jadis sacrée, des monastères. Aussi, à cette époque, les religieuses, tremblant pour les reliques de leur saint fondateur, qu'elles regardaient comme leur plus précieux trésor, s'empressèrent de leur chercher un asile : elles les confièrent, en 1635, aux Sœurs-Grises de Nancy, et elles furent bientôt elles-mêmes, du moins pour la plupart, obligées d'aban-

Suit le mandement de René II, daté du château de Condé, le 11 octobre 1496, portant mandement à Jean Gerlet d'Amance, chambre aux deniers ou argentier de ce prince, de payer la somme ci-dessus.

1. Les papes, les évêques de Toul, des ordres religieux même s'intéressèrent à la prospérité de l'abbaye ; on trouve, à ce sujet, les indications suivantes dans l'Inventaire de ses archives : « Des pardons octroyés par le pape Nicolas IIIIe, aux dames de Bouxières, d'un an et onze jours pour ceux qui visiteront l'église ès jours de fêtes Notre-Dame. — Monitoire de Henri, évêque de Toul, contre ceux qui serreraient des biens de l'abbaye. — Lettres par lesquelles frère Lyénard de Florence, théologien du tiers ordre des frères prêcheurs, fait participantes les dames de Bouxières, tant à la vie qu'à la mort, de toutes les oraisons, vigiles, abstinences et autres bienfaits qui se feront par tout le monde par les frères et sœurs dudit tiers ordre. Datées à Metz, en leur conseil général y célébré ès fêtes de Pentecôte 1421. »

D'autres bulles d'indulgences furent accordées plus tard, en faveur de l'église de Bouxières, par les papes Clément XI (1714) et Benoît XIV (1743, 1747 et 1750).

donner leur abbaye, dont les ressources étaient devenues insuffisantes, et de se retirer au sein de leurs familles[1].

Bouxières dut, comme presque toutes les autres maisons religieuses, se ressentir longtemps des maux qu'avait soufferts notre pays, et il n'est pas probable que, depuis cette époque désastreuse, elle ait repris l'opulence et l'éclat dont elle avait joui jusqu'alors. Ce qui est certain, c'est que, par suite de la misère générale, de l'émigration ou de l'extinction de beaucoup de familles nobles de Lorraine, elle se vit contrainte de se recruter au dehors, et que son chapitre finit par se trouver composé, en grande partie, de personnes étrangères à la province[2].

En 1760, Stanislas, voulant procurer à cette maison « un revenu qui répondît à sa dignité et à sa grande utilité pour la haute noblesse, » y unit les biens du chapitre supprimé de Vaudémont, moyennant certaines obligations envers les chanoines de cette ancienne collégiale.

Vingt-quatre années plus tard, les dames de Bouxières s'occupèrent à réaliser le projet « conçu depuis longtemps » d'abandonner le lieu où, huit siècles auparavant, les avait établies leur auguste fondateur. Elles firent valoir, pour motiver cette résolution, des raisons qui doivent sembler étranges eu égard au temps où elles furent présentées, et qui cachaient, sans doute, des pensées quelque peu mondaines. La requête adressée par elles au Saint-Siége, en

1. Les religieuses disent dans une requête présentée au roi, en 1647, à l'effet d'être exemptées de contributions, qu'elles sont réduites à une nécessité honteuse pour des personnes de leur condition, et que le peu de revenus qui leur reste n'est pas suffisant pour les réparations de leurs église et bâtiments.

2. Il suffit, pour s'en convaincre, de jeter les yeux sur la liste des chanoinesses, que je donne dans les pièces justificatives.

1785, à l'effet d'obtenir l'autorisation de transférer leur chapitre dans la capitale, est ainsi conçue : « Comme ledit lieu de Bouxières, et principalement l'église collégiale, la maison abbatiale et autres maisons canoniales se trouvent situées sur une montagne, appelée vulgairement *Abrupt*, environnée de forêts, et que conséquemment elles ont été exposées de tout temps à la crainte et au danger des vols et de quelque invasion, mais surtout dans le temps présent, où des brigands et des voleurs se répandent dans lesdites forêts, les infestent et jettent lesdites abbesse et chanoinesses de ladite collégiale dans une consternation extrême, en leur inspirant chaque jour des craintes sur la sécurité, soit de leur propre vie, soit de leurs biens, soit surtout des précieux meubles de ladite église collégiale... »

Dans la requête qu'il avait présentée au roi, le chapitre avait probablement fait valoir encore d'autres considérations, car les lettres patentes de Louis XVI, du 19 juin 1785, qui l'autorisent à se pourvoir en cour de Rome pour obtenir la nomination d'un commissaire apostolique chargé d'opérer, suivant les formes civiles et canoniques, la translation de l'abbaye, contiennent les passages suivants :

« Sa Majesté a reconnu, par le compte qu'elle s'est fait rendre de l'état actuel du chapitre noble de Bouxières, que ce chapitre étant établi sur une haute montagne d'un difficile accès, environné de forêts, presque toujours infesté de brigands, enfin, séparé de Nancy, qui est l'endroit le plus voisin, par la rivière de Meurthe, dont les fréquents débordements interceptent toute communication avec cette ville, cette situation l'expose à une foule de dangers, le prive des secours les plus nécessaires à la vie et *le met dans l'impuissance de se procurer des maîtres capables de cultiver les talents des demoiselles de qualité qui y sont admises ;*

que, d'ailleurs, le chœur de l'église ainsi que la maison abbatiale dudit chapitre menacent ruinent, et que l'énorme dépense de leur réédification serait absolument au-dessus de ses modiques facultés.... »

L'antique abbaye avait, on le voit, bien dégénéré de son austérité primitive, et ne ressemblait plus guère à l'asile solitaire où de saintes filles venaient se consacrer à Dieu et renoncer au monde. Ses religieuses avaient horreur maintenant de cette solitude qu'avaient si ardemment désirée Rothilde et ses vertueuses compagnes, et au moment même où elles prétendaient ne pouvoir réparer leur maison abbatiale et l'église fondée par saint Gauzlin, elles songeaient à faire construire, aux portes de la capitale, non pas une abbaye, mais une sorte de résidence princière!

A la suite de l'autorisation royale, le chapitre se pourvut immédiatement devant le Saint-Siége et en obtint, le 3 des ides de mai 1786, une bulle qui députait M. de Loménie de Brienne, archevêque de Toulouse, « à l'effet de transférer du lieu de Bouxières la collégiale de l'un et l'autre sexe ensemble le chapitre noble de chanoinesses établis audit lieu, dans toute autre maison et église, séculières ou régulières, situées, soit dans le district du diocèse de Nancy, soit dans celui de tout autre diocèse voisin, avec pouvoir de réformer, même de changer entièrement les statuts dudit chapitre, et d'y ériger, après l'exécution de ladite translation, une ou plusieurs dignités et canonicats. »

Par de nouvelles lettres patentes, du 5 juin 1786, le roi autorisa la mise à exécution de cette bulle et permit aux chanoinesses d'acquérir les terrains qui pourraient être nécessaires pour l'emplacement de leur nouvelle maison.

En vertu de cette permission, et pour se conformer aux intentions du roi et au désir de Mesdames de France,

Adélaïde et Victoire[1], traité fut passé, le 24 du même mois de juin, entre Mme de Messey, abbesse de Bouxières, et le P. Chrétien, vicaire supérieur du couvent des Minimes de Bon-Secours, pour la cession des terrains que ces religieux possédaient dans ce lieu. L'article premier du traité porte que : « l'église de Bon-Secours, les terrains et habitations qui l'environnent, ensemble tous les biens et revenus dont les Minimes y jouissent, seront unis et incorporés au chapitre de Bouxières au moment de sa translation, » suivant certaines clauses et conditions, dont l'une stipule que les Minimes conserveront l'usage de l'église, continueront à la desservir et y acquitteront les fondations auxquelles ils sont tenus.

Quelques jours après, un autre acte fut passé avec les Dames Prêcheresses de Nancy pour l'acquisition de terrains qu'elles avaient près de Bon-Secours, et jugés nécessaires pour l'établissement du chapitre.

Par arrêt rendu en son Conseil d'Etat, le 25 août, le roi approuva les plans qui lui avaient été présentés et déclara que « les cent mille livres données par Mesdames Adélaïde et Victoire, les fonds assignés par lui sur le produit des loteries, ceux qui proviendraient des 15,000 livres et des

1. Le préambule du traité passé entre le chapitre de Bouxières et les Minimes, porte : « Considérant que, parmi les terrains dont il a été question pour la translation du chapitre à Nancy, nul ne présentoit jusqu'à ce moment plus d'étendue et de facilité que celui qu'occupent les Pères Minimes à Bon-Secours ; que Mesdames Adélaïde et Victoire, qui protégent singulièrement la translation du chapitre, désirent qu'elle soit faite dans ledit terrain ; qu'on ne peut en même temps se dissimuler que c'est aussi l'intention de Sa Majesté, qui... a fait connoître au chapitre des Pères Minimes que son intention étoit que... ils abandonnassent une des deux maisons qu'ils ont à Nancy, et particulièrement celle de Bon-Secours.... »

6,000 livres auxquelles sont tenues les nouvelles chanoinesses, tantes et nièces, la portion du produit de la vente des maisons situées à Bouxières, et généralement toutes les sommes destinées aux frais de construction, seraient déposées dans la caisse du receveur du clergé du diocèse de Nancy, qui ne pourrait s'en désaisir que sur les mandements tirés à cet effet par l'abbesse[1]; » etc.

Toutes ces formalités préliminaires remplies, et après la promulgation (29 septembre 1786) et la confirmation (octobre 1786) du décret de translation[2], les dames de Bouxières se mirent en mesure de faire commencer la construction de leur nouveau monastère, si toutefois il est permis de donner ce nom à la magnifique habitation qu'elles se préparaient, et dont elles devaient à peine prendre possession.

Voici, d'après le plan qui nous en a été conservé, l'aspect qu'auraient présenté les bâtiments du chapitre à Bon-Secours. L'entrée principale, placée sur la route de Nancy à Lunéville, donnait accès dans une vaste cour à l'extrémité de laquelle s'élevaient, à droite et à gauche, la maison de l'abbesse et celle de la doyenne; entre ces deux maisons était pratiqué un passage par où on arrivait à une espèce d'avenue plantée d'arbres; le long et de chaque côté étaient construites les maisons des dames, ayant une cour au-devant et un jardin derrière, le tout disposé sur un vaste

1. Par brevet du 3 juin 1787, Louis XVI accorda « à l'abbaye et chapitre de Bouxières transférés à Nancy, pour servir à la dotation du titre et de la crosse de ladite abbaye, une pension de 7,200 livres sur les revenus de l'abbaye de Sainte-Marie de Pont-à-Mousson. »

2. Ces pièces, ainsi que celles qui ont été précédemment citées, se trouvent dans un recueil imprimé qui fait partie des papiers de l'abbaye de Bouxières.

parallélogramme embrassant une superficie de 10,114 toises carrées de France, ou 18 arpents 7 hommées 22 toises de Lorraine. A gauche de la grande cour d'entrée on avait réservé un emplacement pour les bâtiments utiles au chapitre; à droite étaient diverses dépendances et un couloir qui, aboutissant aux maisons canoniales, conduisait à l'église de Bon-Secours, dont le chœur devait être notablement agrandi pour recevoir les stalles des chanoinesses.

Ces immenses travaux s'entreprirent aussitôt sur toute leur étendue; la maison de l'abbesse et celle de la doyenne furent construites les premières; les autres s'élevaient à peine au-dessus du sol lorsque, le 24 octobre 1789[1], le chapitre, après avoir fait transférer à Nancy son mobilier et ses archives, ne laissant à Bouxières que des objets de peu d'importance et à l'usage journalier de l'église, quitta son

1. D'après une mention contenue dans son Livre de recette et dépense, le chapitre arriva à Nancy le 27 octobre 1789. Ce fait est également consigné, de la manière suivante, dans un registre de l'Evêché de Nancy :

« Anne-Louis de La Fare, évêque de Nancy, etc.

« Cejourd'hui, les dames abbesse, doyenne, chanoinesses du chapitre noble de Bouxières-aux-Dames s'étant transportées en notre ville épiscopale à l'effet d'y fixer, au moins pendant plusieurs mois, leur demeure, ont commencé leur office canonial en l'église des RR. PP. Tiercelins de cette ville, après avoir duement requis et obtenu notre consentement, de quoi nous avons fait dresser acte, pour être inscrit aux registres de notre Chambre épiscopale et servir et valoir ce que de raison.

« Fait à Nancy, sous le seing de notre vicaire-général, le 27 octobre 1789.

« CAMUS, *vic.-gén.* »

Le 12 août de la même année, le chapitre avait fait transporter chez les dames de la Visitation 75 paquets cachetés et ficelés contenant les papiers de ses archives, parmi lesquels, porte la note que je transcris, se trouvait le titre de fondation.

antique demeure et vint s'installer dans les bâtiments des Minimes, en attendant que les siens fussent terminés. Il s'arrangea avec les Tiercelins de Nancy pour faire l'office public et canonial dans son église.

Une telle précipitation était l'effet de la crainte inspirée par les bandes armées qui, déjà, parcourant le pays, avaient pillé plusieurs monastères. Malheureusement, ces actes isolés de violence n'étaient que le prélude de la tempête qui allait éclater : les magnifiques constructions que le chapitre se destinait n'étaient pas achevées, que la Révolution venait brusquement interrompre les travaux, et, quelques années après, ces constructions et l'église même[1] dont elles devaient être les splendides dépendances, étaient vendues au profit de la Nation.

1. Les bâtiments achevés de Bon-Secours et les matériaux de construction furent adjugés, le 17 brumaire an VI, pour la somme de 100,000 francs ; l'église fut vendue, le 24 prairial de la même année, pour 3,552,000 francs, un dixième en numéraire, quatre dixièmes en quatre obligations ou cédules, le reste en ordonnances des ministres pour fournitures faites à la République, bordereaux de liquidation de la dette publique ou de la dette des émigrés, etc. Un plan de l'église de Bon-Secours est joint à cet acte de vente.

II.

ORGANISATION, DISCIPLINE INTÉRIEURE, COUTUMES ET USAGES DU CHAPITRE DE BOUXIÈRES.

J'ai raconté la fondation de l'abbaye de Bouxières, ses développements, sa translation à Bon-Secours et sa suppression; je vais essayer maintenant de faire connaître les transformations qu'elle subit pendant la durée de son existence, son organisation, sa discipline intérieure, ses coutumes et ses usages particuliers.

De même que l'abbaye de Remiremont, celle de Bouxières avait été, comme on l'a vu, placée par son fondateur sous la règle de saint Benoît. Ses religieuses, éloignées du monde, passaient leur vie dans les austérités du cloître, entièrement occupées à conquérir les palmes immortelles : c'est ainsi que vécurent Rothilde et ses pieuses compagnes. Mais, suivant un historien[1], cet état de choses ne subsista pas longtemps, et, dès le XIe siècle, l'abbaye de Bouxières était déjà sécularisée.

Lionnois ne dit pas où il a puisé cette assertion, qui n'est appuyée sur aucune preuve et se trouve contredite par des documents postérieurs. Dans une charte de l'année 1115 ou 1120, portant donation du village de Bouxières à l'abbaye, le duc Thierry s'exprime de la manière suivante : ***Noverit universitas omnium fidelium quod postquam filiæ meæ, Frounica scilicet et Hara, motu suo proprio servire Domino in castitate, Frounica in Romarico-monte et Hara in Buxeriis, ubi sancta et laudabilis congregatio sanctimonialium Deo famulatur.***

1. Lionnois, Histoire de Nancy, t. I, p. 607.

D'un autre côté, on lit dans Dom Calmet[1]: « Françoise de Ludres, abbesse de Bouxières, tenta, vers le milieu du XVIe siècle, d'établir la réforme dans son abbaye; mais Pierre du Châtelet (évêque de Toul) n'appuya pas assez les bonnes intentions de l'abbesse : il confirma l'usage et la manière de vivre usitée dans cette maison *depuis le milieu du XVe siècle,* et les dames, qui y font toutes preuves de noblesse, ont enfin prescrit contre leur ancien état et vivent en chanoinesses séculières. »

Ce fut, dit-on, René d'Anjou qui, en 1452, obtint de convertir l'abbaye de Bouxières en maison d'éducation et d'état pour les filles de ses preux, obérés par les guerres de Lorraine et de Sicile. Cela peut être vrai, mais je dois dire que je n'ai trouvé ce fait dans aucun des documents que j'ai consultés. Aucun ne parle de la sécularisation de l'abbaye, et on ignore complétement les causes qui amenèrent cette transformation. On ne connait pas non plus les statuts qui furent dressés à cette époque, si toutefois il y en eut. On pourrait en douter d'après les termes du préambule d'une délibération du 16 février 1693. Nous nous sommes assemblées, disent les chanoinesses, « pour » faire un résultat capitulaire qui puisse servir de règle- » ment et confirme les usages que l'on a accoutumé de » pratiquer en notre église de tout temps; lesquels usages » n'ayant été jusqu'à présent réduits par écrit, ou, s'ils » l'ont été autrefois, comme il se peut faire, se trouvant » adirés par la disgrâce des guerres, de même que plu- » sieurs de nos titres et papiers qui se trouvent perdus » par la même disgrâce... »

1. Histoire de Lorraine, 1re éd., t. III, col. 85.

Il faut, en effet, que plusieurs de ces titres et papiers aient été perdus, car on ne possède pas de registres capitulaires remontant au-delà des dernières années du XVIIe siècle; aussi n'a-t-on, pour faire connaître l'organisation et la discipline intérieure du chapitre de Bouxières, que des documents modernes, mais rappelant des usages anciens qui s'étaient perpétués par la tradition et qu'on renouvela, en les consignant par écrit.

Le plus complet et le plus curieux de ces documents est un « Mémoire pour les dames abbesse, chanoinesses et » chapitre de l'insigne église de Notre-Dame de Bouxières » contre la dame de Briey de Landres, doyenne »; Mémoire imprimé en 1763 et composé à l'occasion d'un procès intenté au chapitre pour refus fait par lui de recevoir Mlle de la Tour-en-Voivre, dont il contestait les quartiers de noblesse.

« L'église collégiale séculière de Bouxières, y est-il dit, est composée d'une dame abbesse, élue du corps, et de treize dames appelées chanoinesses, dont les unes sont dames capitulantes ou de chapitre, les autres dames nièces[1].

1. On lit dans le Mémoire, aux « Observations sur le droit résultant des coutumes et usages » du chapitre : « Il est constant, d'après les textes, que les dames chanoinesses de Bouxières, toutes égales par la naissance, sont et ont toujours été partagées en deux classes distinctes et très-différentes : les dames capitulantes et les dames nièces. Celles-là jouissent de la plénitude de leur état, en portent les marques, ont séance au chapitre comme au chœur, disent l'office, possèdent leurs prébendes, vivent sous la seule discipline du chapitre et font également vacance par leur sortie et par leur décès. Celles-ci n'ont de tous ces droits que l'habit et la séance au chœur. Elles sont au reste sous le régime de leurs tantes qui tiennent les prébendes, qui en perçoivent les fruits, qui prennent une autre nièce quand la première vient à quitter, et ne leur doivent que la table et le logement, c'est-à-dire un droit de *desserte* pour l'office qu'elles font. Les dames capitulantes ont

» Les dames abbesse et capitulantes forment un corps de chapitre, et à la plus grande et plus saine portion d'icelui appartient, comme au corps de la maison, la juridiction et gouvernement de toute l'église, savoir : la direction du service divin, l'élection de l'abbesse, l'admission des chanoinesses, la pleine disposition de tous les bénéfices et offices, le pouvoir de faire des statuts et règlements, la fixation du nombre des dames prébendières, eu égard aux circonstances des temps et au soutien du chœur, la discipline des membres, la correction même des fautes graves[1].

» Tout se conclut au chapitre, à la pluralité des voix.

» La dame abbesse et les autres dames chanoinesses ont droit d'apprébender à leur tour, dans l'an et jour de la vacance des prébendes; c'est-à-dire que la dame tournaire est obligée de présenter une demoiselle dans les six premiers mois de l'année de la vacance, et de la faire apprébender dans les six derniers mois.

» A faute, soit de présenter, soit de faire apprébender dans chaque terme prescrit, la prébende est dévolue de droit à la dame qui suit en tour.

» Quand il est question de prendre une demoiselle, il

un droit formé, absolu, parfait, sont les tantes, les mères, et composent ensemble le corps de la maison. Les dames nièces n'ont qu'un droit à la chose, un droit commencé qui se perfectionnera un jour, l'espérance d'être incorporées. Elles sont les nièces, les enfants, lesquelles, durant la vie de leurs tantes, n'ont, dans cet état ecclésiastique imité de l'état civil, que la certitude morale de recueillir leur portion de ces successions chapitrales. »

1. Il est dit dans une délibération capitulaire du 11 décembre 1698 : « Si, dans l'église, quelques-unes étaient de mauvaise vie, il n'y a point d'autre punition que de les décoiffer et de les renvoyer chez leurs parents, comme indignes d'être dans une compagnie qui doit employer toutes ses facultés au service de Dieu. »

faut que la dame qui veut apprébender en avertisse le chapitre pour aviser de l'admettre ou non ; et ne peuvent les tantes engager une parole que la demoiselle ne soit agréée du chapitre.

» Selon l'usage gardé de tout temps, on ne doit recevoir des filles qui ne soient bien reconnues d'ancienne maison et ne fassent apparoir de leurs lignes, lesquelles seront affirmées par paroles de gentilshommes de l'ancienne chevalerie.

» Les quatre lignes paternelles et les quatre maternelles seront de noblesse ancienne et militaire, et les huit noms qu'elles portent prouvés jusqu'à deux cents ans sans dérogeance ni mésalliance.

» Les preuves pour la légitimité et la filiation se tirent des contrats de mariage, extraits de baptême, partages et autres actes de famille. Les preuves pour la noblesse s'établissent par des aveux et dénombrements, des reprises de fief, des partages nobles, des patentes d'emplois militaires, des arrêts des Chambres des Comptes et autres Cours souveraines, rendus contradictoirement avec les procureurs généraux[1].

» Les attestations et certificats des hauts chapitres d'Allemagne[2] sont reçus pour preuve, en justifiant, par contrats de mariage et extraits de baptême, que la demoiselle présentée est issue des maisons mentionnées dans lesdits certificats, ou en prouvant qu'elle a dans lesdits chapitres

1. « Desquels titres, porte une délibération capitulaire du 1er mars 1720, sont admises des copies collationnées et légalisées, quand les noms ou maisons sont suffisamment connus, nous réservant d'exiger des originaux dans le cas où les copies nous seraient suspectes. »

2. Mayence, Spire, Würtzbourg et Eichstadt.

soit un frère germain, soit un oncle paternel et un oncle maternel.

» Tous les autres certificats, de quelle que part qu'ils viennent et de quelle que manière qu'ils soient conçus, étant seuls, sont insuffisants pour l'établissement de la filiation et de la noblesse.

» C'est à la dame abbesse qu'est présentée la demoiselle pour l'apprébender, en présence et du consentement de toutes les dames capitulantes. Au refus ou en l'absence de l'abbesse, la demoiselle est présentée à la dame ancienne, appelée doyenne, et successivement.

» Les dames nièces n'ont ni entrée ni voix en chapitre, quel qu'âge qu'elles aient, et ne peuvent devenir dames capitulantes que par le décès de leurs tantes, leur sortie de l'église ou la remise expresse qu'elles feraient des prébendes.

» Elles n'ont aucun droit sur le revenu de ces prébendes, qui appartiennent absolument aux tantes, lesquelles ne doivent à leurs nièces que la table et le logement, chaque nièce demeurant avec sa tante durant la vie de celle-ci, comme son enfant.

» La dame abbesse et toutes les dames chanoinesses peuvent tenir autant de ces prébendes comme il leur en écheoit pendant leur vie.

» Les dames de chapitre et les dames nièces, n'étant ni votaires, ni bénéficiaires, peuvent posséder des biens, en acquérir, les vendre, recevoir des donations et en faire, ester en jugement, quitter leur église, se marier, entrer en religion.

» La dame tante mourant ou quittant son église, doit laisser sa maison ou ses maisons à ses nièces, lesquelles, en cas de mort seulement, héritent des biens meubles dont elle n'a pas disposé par testament. La dame tante succède de même au mobilier de ses nièces, en cas de mort sans disposition.

» Les dames nièces, par le décès ou la sortie de l'église de leurs tantes, deviennent dames capitulantes lorsqu'elles ont atteint l'âge de quatorze ans, et après dix-huit ans accomplis, elles ont la jouissance et gestion des revenus de leurs prébendes, sans qu'elles puissent se prévaloir de ce privilége pour se mettre en leur ménage, à moins que d'en obtenir une permission expresse du chapitre[1].

» Soit pour tester, soit pour s'absenter, les dames de chapitre demandent congé à la dame abbesse. Les dames nièces demandent ces congés à leurs tantes.

» La sortie de l'église d'une dame nièce par mariage ou autrement ne fait vácance de la prébende pour la dame qui l'a apprébendée. Il n'en est pas de même d'une dame de chapitre, dont la sortie fait vacance en sa prébende qui tombe au tour.

» La dame nièce, en ce cas, écrit une simple lettre de remercîment à sa tante en lui renvoyant le couvre-chef, et

1. Une délibération capitulaire du 16 février 1693, contient les dispositions suivantes touchant le même sujet :

« Les dames nièces qui, étant au-dessus de l'âge de dix-huit ans, viendront à être capitulantes par le décès dé leurs tantes, jouiront de leurs prébendes et revenus et les géreront conformément aux droits et usages qui se sont pratiqués de tout temps en notre église, sans néanmoins qu'elles puissent se prévaloir de ce privilége pour se mettre en leur ménage qu'à l'âge de vingt-cinq ans, ce qu'elles ne pourront faire sans en avoir obtenu la permission de l'abbesse et du chapitre, ou que ceux-ci le jugent à propos.

« Les dames nièces qui se trouveront au-dessous de l'âge de dix-huit ans venant à être capitulantes, auront une dame de l'église pour tutrice, laquelle gérera leurs prébende et revenus et en rendra compte tous les ans au chapitre. »

la tante est en droit d'apprébender de nouveau. La dame de chapitre écrit à Mme l'abbesse et à Mesdames en renvoyant de même son couvre-chef....

» L'apprébendement comprend cinq actes séparés, qui se font tout de suite, ou en divers temps, pendant l'année de la vacance : 1° la proposition du sujet et présentation des titres par la dame tournaire; 2° l'examen et la réception des preuves par le chapitre; 3° le jurement des lignes par deux gentilshommes jurés eux-mêmes en chapitre; 4° la nomination par la dame tournaire avant ou après les lignes jurées et reçues; 5° l'apprébendement proprement dit par la dame abbesse ou ancienne, en présence et du consentement du chapitre.

» Voici les formules de ces cinq actes : *1er Acte.* Lorsqu'il y a une prébende vacante, la dame qui est en tour de prendre une nièce demande l'assemblée du chapitre et dit, si c'est la dame abbesse : « Mesdames », si c'est une autre dame : « Madame et Mesdames, vous savez que la pré-
» bende de Mme de N.... m'est échue par sa mort, son
» mariage, etc., et que je suis en tour de remplir sa place;
» ainsi, je vous propose ou présente Mlle de N...., ou je
» déclare que je la destine à Mlle de N.... pour être ma
» nièce de premier ou de second tour. » En même temps cette dame remet sur le bureau le tableau ou la carte des huit quartiers blasonnés de la demoiselle, et souvent les titres qui doivent servir aux preuves. L'acte s'en rédige sur le registre, quelquefois au moment même, et plus ordinairement après l'examen des preuves, et lorsqu'elles sont jugées bonnes.

» *2e Acte.* Les dames capitulantes procèdent à l'examen et jugement en une ou plusieurs séances, suivant les difficultés qui surviennent; desquelles séances la dame tournaire est exclue. Elles lui demandent les titres qu'elles croient nécessaires, se font rapporter les originaux lorsque les expéditions ou copies collationnées sont suspectes, et les preuves étant jugées bonnes, on dresse l'acte; si elles ne sont pas jugées bonnes, le chapitre rend les titres à la dame tournaire, sans acte.

» 3e *Acte.* Avant la nomination ou avant l'apprébendement, deux gentilshommes jurés en chapitre, l'un pour les lignes paternelles, l'autre pour les lignes maternelles, viennent au chœur lorsque les dames y sont assemblées, et leur demandent à chacune séparément si elles sont satisfaites des preuves de la demoiselle; et lorsqu'elles le sont, elles descendent toutes au milieu du chœur avec les chevaliers, et ceux-ci y font, sur les saints Evangiles que leur présente le chanoine de semaine, le serment suivant: « Moi » N... je jure que je connais la nation (*gentem*) de N... et » de N...., que je sais certainement que les uns et les » autres sont bien nés et attraits chacun de quatre écus, » sans nul reproche, et ceci je le jure par les saints Evan- » giles de Dieu et au péril de mon âme. »

» S'il se trouve que les lignes paternelles ou maternelles aient déjà été reçues ou jurées, en ce cas on ne prend qu'un chevalier pour jurer celles qui ne l'ont pas encore été d'un ou d'autre côté; mais s'il y avait une ligne paternelle et une ligne maternelle à jurer, il faudrait deux chevaliers pour les deux lignes comme pour les huit.

» 4e *Acte.* En cet état, la dame tournaire vient en chapitre où elle déclare qu'elle nomme pour remplir la prébende vacante, en qualité de nièce, la demoiselle N.... dont les lignes ont été reçues et jurées.

» 5e *Acte.* Le jour pris pour l'apprébendement, l'office de *sexte* étant fini, toutes les cloches sonnent, et les dames, en manteau, vont chercher la demoiselle, qui est menée par ses père et mère ou, à leur défaut, par les personnes qui lui en tiennent lieu, et suivie par un chevalier qui doit lui mettre le manteau, lequel il porte sur son bras.

» Les dames marchent en corps devant la demoiselle et la conduisent au chœur jusqu'à la stalle de la dame abbesse ou de la dame ancienne, en son absence. La demoiselle se met à genoux, et la tante qui l'a nommée s'approche et dit : « Madame et Mesdames, je vous présente Mlle N....
» pour être ma nièce du premier ou second tour, s'il vous
» plaît de l'agréer. » La dame abbesse dit aux dames : « Mesdames, y consentez-vous ? » Et celles-ci font une révérence pour marque de leur consentement. Ensuite la dame abbesse dit à la demoiselle : « Mademoiselle, que demandez-vous ? » Elle répond : « Madame, je demande le pain
» et le vin de Notre-Dame de Bouxières et de saint Gauzlin,
» pour l'amour de Dieu. » La dame abbesse demande au prévôt, qui est devant son siége : « Où est l'apprébendement ? » Le prévôt lui présente l'argent[1]; la dame abbesse met la main dessus et lui demande la coupe avec du vin dedans, et trois apprêts de pain. La demoiselle mange un morceau de chacun des apprêts et boit du vin, après quoi la dame abbesse lui attache le *mari*[2] sur le couvre-chef et dit, en mettant la première épingle : « Vous direz bien
» votre bréviaire » ; en mettant la seconde épingle : « Vous
» obéirez à Madame votre abbesse » ; en mettant la troisième : « Vous porterez honneur et respect à Mesdames

1. On voit, par les registres des délibérations capitulaires, que les dames tantes devaient délivrer mille francs barrois pour l'apprébendement de leurs nièces.

2. Petit cordon noir.

» vos anciennes. » A quoi la demoiselle répond : « Dieu » m'en fasse la grâce. » Alors le chevalier lui met le manteau sur les épaules, et elle va se présenter à la dame abbesse et aux autres dames qui, toutes, l'embrassent en leur rang; ensuite elle se met à genoux auprès de la dame abbesse, laquelle dit aux gens de justice de Bouxières, qui doivent être présents : « Maire et gens de justice, vous re» connaitrez Mme N.... pour dame haute-justicière de » Bouxières. » La messe commence; à l'offrande, la dame abbesse mène avec elle la nouvelle dame et, au retour, elle l'installe à la place qu'elle doit tenir au chœur. »

D'autres documents[1], restés manuscrits, et provenant sans doute des Archives de Bouxières, d'où ils auront été distraits à l'époque de la Révolution, contiennent des détails qui compléteront ceux du Mémoire dont je viens de donner des extraits :

« En cette église de Bouxières, laquelle est séculière et non dépendante d'aucune autre église, monastère ou congrégation, il y a quinze prébendes[2], dont deux affectées à l'abbesse.

1. L'un est intitulé : « Usages actuels du chapitre de Bouxières » ; il ne porte pas de date, mais est évidemment postérieur à 1737 ; le second est la « Copie d'un règlement fait sur les coutumes et observances anciennes de l'église collégiale et séculière de Notre-Dame de Bouxières, rédigé et mis en ordre par écrit, en 1722, par Mme du Hautoy, abbesse.... » Il faut que des additions aient été faites à ce règlement, puisqu'il y est fait mention, notamment, du troisième chanoine, dont l'institution ne remonte qu'à 1741. Ces documents appartiennent à la Bibliothèque publique de Nancy.

2. Ces prébendes étaient, dit-on, de 5 à 6,000 livres de rente chacune ; mais leur importance dut varier suivant les époques. En 1786, les revenus du chapitre s'élevaient à 41,956 livres de Lorraine, et les charges à 8,000 livres ou environ.

» Il parait par tout ce qu'on voit sur cet objet, et il passe assez généralement pour constant dans le chapitre, que l'abbesse possède l'une de ces prébendes comme chanoinesse; l'autre prébende, jusqu'au moment de la réunion de Saint-Harry, était uniquement ce qui formait la mense abbatiale.

» Des treize autres prébendes, il y en a trois de joyeux avénement : celle dite du prince, celle de l'évêque ou de Saint-Gauzlin, et celle de la crosse. La première est donnée par le roi[1]. Toutes les fois qu'elle devient vacante, soit par mort ou autrement, l'abbesse en avertit le ministre de la feuille (des bénéfices) aussitôt la vacance. Il parait, par une suite de brevets, que la manière dont les souverains disposaient autrefois de cette prébende était de la donner à une dame chanoinesse qui se choisissait elle-même une nièce[2]. Dans les dernières vacances, le souverain a désigné lui-même la demoiselle et nommé la tante qui devait l'apprébender. Les apprébendements pour cette place ont eu constamment la même forme que les autres; les tantes ont les mêmes droits sur leurs nièces et les mêmes obligations, ne leur devant que la table et le logement, ou la demi-pré-

1. C'est-à-dire par le souverain. Le mot *roi* désigne ici le Roi de Pologne, comme duc de Lorraine.

2. Un Sommier ou inventaire des titres de Bouxières, appartenant à la Bibliothèque publique de Nancy, contient l'indication d'un transport fait, en 1558, par le duc Charles III, de son droit de nomination à la première prébende vacante, à raison de son joyeux avénement, à Charles de Lénoncourt, son écuyer, lequel, en vertu de cette concession, présentera à cette prébende telle personne qu'il jugera à propos.

Parmi les pièces que possède la Bibliothèque s'en trouve une intitulée « Ordre chronologique des brevets de la prébende dite du prince. »

bende, et les nièces n'ont aucun droit à la prébende qu'après la mort de leurs tantes.

» La prébende épiscopale est conférée par l'évêque de Toul, en tout genre de vacance, dont l'abbesse est obligée de l'avertir. On voit, par une suite non interrompue de toutes les provisions données par lui, que jamais il n'a nommé ni désigné la demoiselle; que toujours il a conféré la prébende à une dame du corps pour se choisir une nièce, et l'existence de celle-ci dans le chapitre est la même que celle des autres nièces.

» La prébende dite de la crosse est conférée par l'abbesse toutes les fois qu'elle devient vacante et de quelque manière qu'elle le devienne; la demoiselle pourvue de cette place devient sa nièce, et aux mêmes conditions que les autres nièces.

» Les dix autres prébendes sont à la nomination du chapitre[1]...

» Stage. — Nulle chanoinesse n'est exempte du stage; il est d'une année entière, et pendant cette année de rigueur, on ne peut découcher hors de l'enceinte du cloître, même avec congé, sous peine d'être obligé de recommencer le stage.

» Aucune chanoinesse ne peut être admise à faire son stage que quand elle est suffisamment instruite sur les cérémonies du chœur, sur la manière de réciter le Bréviaire, et sur les règles du plain-chant.

» Celle qui doit faire son stage, avant de le commencer,

1. Ici vient, dans le manuscrit, l'article de l'*Apprébendement*; c'est le même que dans le Mémoire cité précédemment, mais plus abrégé.

est présentée au chœur, à l'issue de l'office, par sa tante de prébende, qui dit aux dames présentes : « Madame et » Mesdames, j'ai l'honneur de vous présenter ma nièce » pour être admise à faire son stage. » Après quoi la tante se retire, et toutes les dames présentes au chœur font chanter à la nièce trois pièces de chant à livre ouvert, et l'examinent sur tout ce qu'elle doit savoir. Si elle est jugée suffisamment instruite, elle est admise et peut commencer son stage le jour même. En cas d'un refus, ce qui a eu lieu, la chanoinesse refusée est renvoyée pour s'instruire de nouveau; mais on ne lui fixe aucun terme pour subir un nouvel examen.

» La dame qui fait son stage n'a droit qu'à la perception de quelques parties casuelles de la prébende; la tante perçoit les gros fruits.

» Résidence.— Toutes les dames capitulantes, ainsi que les nièces, sont obligées à une résidence d'un an pour acquérir le droit de s'absenter pendant une année. Dans le cours de la même année, elles peuvent s'absenter pendant six mois, pourvu qu'elles résident pendant les autres six mois.

» Après trois années consécutives d'absence, la dame absente sera sommée trois fois, suivant les formes canoniques, de quatre mois en quatre mois, aux fins de se représenter au chapitre; les sommations faites, et la quatrième année révolue, si elle ne se rend pas à son devoir, elle est déclarée déchue et privée de son état, par acte capitulaire[1].

1. Il paraît que, nonobstant cette disposition réglementaire, la permission de s'absenter entraîna des abus, notamment de la part de demoiselles qui, tout en faisant partie du chapitre, se mettaient au

» La résidence n'est pas censée interrompue par une absence qui n'excède pas quinze jours de suite.

» SAISIE DES PRÉBENDES. — L'usage a varié relativement aux saisies des prébendes, et il n'existe sur cet objet aucun règlement fixe et établi. Quelquefois six semaines ou deux mois d'absence, pendant l'année de la résidence, ont été regardés comme un temps suffisant pour faire saisir les revenus de l'année entière, et même six mois en sus. Dans d'autres circonstances, trois mois consécutifs d'absence, indépendamment de plusieurs jours d'absence, à différentes fois (cependant au-dessous de quinze jours de suite), ont donné lieu de décider que les revenus seraient saisis, seulement au prorata du temps d'absence.

» Le bénéfice provenant des saisies tourne au profit de chacune des dames ; c'est ce qu'on appelle revenant bon.

» La saisie, pour les nièces, se fait et sur les distributions dont celles-ci jouissent, et sur les gros fruits dont les tantes ont la jouissance.

» CONGÉS. — Aucune dame ne peut découcher sans en avoir demandé la permission à l'abbesse, et, en son absence, à la doyenne ou à la plus ancienne dame présente.

» Les nièces ne sont tenues de demander le congé qu'à leurs tantes.

» TESTAMENTS. — Les dames de prébende et les nièces

service de princesses. Pour y remédier, une délibération capitulaire du 15 juillet 1788 remit en vigueur les anciens règlements et statua qu'au bout d'un an, les dames seraient privées du revenu de leur prébende ; que si elles s'absentaient deux années de plus que l'année permise, après avoir été interpellées à trois reprises par affiches posées aux portes de l'église, du chapitre et de leurs maisons, elles seraient entièrement privées de leur prébende.

demandent la permission de tester, les premières à l'abbesse, les secondes à leur tante.

» Le mobilier d'une dame de prébende (celui qui se trouve dans la maison capitulaire qu'elle occupait) qui meurt sans avoir fait de testament, appartient à sa nièce, et réciproquement.

» Lorsque la dame qui meurt sans avoir fait de testament n'est ni tante ni nièce, le chapitre hérite du mobilier.

» Scellés. — Les scellés s'apposent, pour tout ce qui concerne l'église, l'abbesse et le chapitre, par le prévôt ou receveur, sous l'autorité immédiate de l'abbesse et du chapitre. (Ce droit fut confirmé par un édit du Roi de Pologne.)

» Après la mort d'une dame, l'inventaire de son mobilier se fait en présence de l'abbesse, qui donne lecture du testament à tout le corps.

» La même autorité qui a fait apposer les scellés en ordonne la levée.

» Deuil. — Autrefois les nièces portaient le deuil pour leurs tantes pendant une année entière; depuis, le temps du deuil a été restreint à six mois. La nièce qui est en deuil ne paraît aux offices qu'avec une espèce de mante ou voile noir.

» Succession des maisons. — Une dame qui a acheté sa maison, peut la vendre ou la donner par testament à qui bon lui semble, pourvu que ce soit à une dame du corps. Dans le cas où elle mourrait sans avoir disposé de sa maison, sa nièce en hérite de droit, et s'il n'y a pas de nièce, le chapitre en a la libre disposition.

» Si la dame défunte n'avait point acheté sa maison et qu'elle l'eût tenue de sa tante à titre de succession, alors ladite maison ne peut pas être vendue; elle passe de droit à sa nièce ou à ses nièces.

» De l'office divin. — Les heures canoniales, savoir : matines et laudes, prime, tierce, nones, vêpres et complies, avec tout le reste de l'office divin, se diront tous les jours en cette église, selon l'usage du Bréviaire et Missel romain, par la dame abbesse et les dames ; desquelles personne ne se pourra absenter sans cause légitime, sous peine de perdre les distributions quotidiennes qui seront ci-après déclarées.....

» Le matin, depuis la première semaine de carême jusqu'au dernier septembre, les heures se commenceront à six heures du matin, et de là en avant à sept heures seulement. Les vêpres, depuis Pâques jusqu'à la Saint-Remy, se diront à trois heures après midi, et depuis la Saint-Remy jusqu'à Pâques, à deux heures et demie. Les complies se diront immédiatement après les vêpres et sans sortir du chœur, excepté au temps de carême, qu'ils se diront à cinq heures du soir, et pendant l'octave du Saint-Sacrement, à sept heures ; et au jour que l'on dira les matines le soir, ils se diront à telles heures que l'on puisse, aussitôt iceux finis, commencer lesdites matines.

» Les heures se liront comme du passé, excepté qu'aux bons jours de l'année et aux fêtes et dimanches, elles se chanteront, avec la messe conventuelle, au plain-chant que l'on dit grégorien ; duquel plain-chant la dame abbesse est exempte, sinon aux jours de première classe, qui sont solennels, auxquels la dame semainière lui doit porter le livre en son siége et chanter avec elle le commencement des antiennes de *Magnificat,* de *Benedictus;* et, à son absence, se doit porter à l'ancienne.

» Quand la dame abbesse et les dames entreront au chœur pour commencer le saint service, elles y doivent entrer avec une grande modestie et révérence, s'entresaluant doucement les unes les autres, sans mener bruit et en gardant le silence. Il ne sera loisible à aucune dame d'y entrer pour faire l'office sinon avec l'habit décent et convenable, savoir : le grand manteau, le mari et la barbette[1]...

» Pour rendre toutes les dames de cette église tant plus assidues au saint service, la troisième partie de chaque prébende, tant des dames de chapitre, nièces ayant le mari qu'autres qui seront en âge (chaque prébende évaluée par an à 400 francs), sera appliquée aux distributions quotidiennes qui montent annuellement à 133 francs quatre gros, qui se perdront par celles qui, étant en ville sans excuse légitime, s'absenteront dudit saint service divin, et se gagneront par les présentes ; desquelles la distribution s'en fera par chacun an de trois mois en trois mois. Et pour marquer et noter lesdites absences, il y aura une dame, soit nièce ou autre, qui sera choisie et députée à la pluralité des voix et prètera le serment en chapitre de fidèlement gérer cette charge, sans acception de personnes ; laquelle dame, au bout de trois mois, donnera à l'officier ou receveur une liste des absences desdits trois mois, et celui-ci lui mettra en main les deniers pour, par elle avec une autre dame du chapitre choisie à cet effet, être faite la distribution à chacune des dames.

» Pour laquelle distribution se gardera l'ordre qui s'ensuit : aux jours solennels de première classe, savoir : Pâques, Pentecôte, Fête-Dieu du très-saint Sacrement de l'autel, Assomption Notre-Dame, fête de tous les saints, Noël et fête du fondateur de cette église, saint Gauzlin,

1. Dans les ordres monastiques, c'était le nom qu'on donnait à la guimpe. A Remiremont, on appelait ainsi une pièce d'étoffe de quintin (espèce de mousseline ou de batiste) que les chanoinesses mettaient devant elles le jour de l'apprébendement ou lorsqu'elles communiaient.

pour chacune des grandes heures, savoir : matines, la messe capitulaire et vêpres, trois gros; pour chacune des petites heures, qui sont prime, tierce, sexte, nones et complies, un gros. Aux fêtes de seconde classe, qui sont trente-trois en nombre, pour chacune des grandes heures deux gros, et pour les petites heures deux blancs. A tous les autres jours de l'année indifféremment, pour chacune des grandes heures douze deniers, et pour les petites quatre deniers. Pour chacune des processions qui se font du commandement de l'église, qui sont six en nombre, un gros. Le tout revient à la somme desdits 133 francs 4 gros, qui se distribueront à chacune des dames, tant de chapitre que nièces, à proportion qu'elles auront gagné ou perdu par leur présence ou absence. La dame abbesse aussi perdra et gagnera de même pour la prébende qu'elle tient comme dame apprébendière, mais non pour la prébende qu'elle a comme abbesse, qui lui sera toujours libre en toutes choses.

» Les dames, tant de chapitre que nièces, qui seront malades ou vaqueront actuellement aux affaires de l'église et chapitre, en quels que lieux que ce soit, sont réputées comme présentes.

» De la dignité abbatiale. — La dignité abbatiale, quand elle vient à vaquer, est élective par les dames ayant voix en chapitre, et aucune ne peut être élue ni prise pour être abbesse, sinon une dame de ladite église, laquelle étant abbesse a deux prébendes, l'une comme dame et l'autre comme abbesse.

» Encore que toutes les dames de cette église ne soient obligées à aucuns vœux de religion et ne fassent aucune profession expresse ou tacite, leur état étant séculier, elles peuvent quitter l'église, retourner à la maison de leurs parents et se marier. Néanmoins la dame abbesse est obligée, par les bulles et provisions de Sa Sainteté et selon l'ancien usage de cette église, de faire profession de l'ordre de Saint-Benoît entre les mains du prélat qui à ce est député par notre Saint-Père le pape.

» La dame abbesse étant le chef de l'église et comme la mère de toutes, elle a aussi une prééminence et autorité particulière dans icelle, et toutes les dames, tant de chapitre que nièces, lui doivent porter honneur; laquelle, pour cela, a la première séance au chœur et en chapitre et partout, et pour reprendre et corriger verbalement les fautes, tant des dames de chapitre comme des nièces, lors principalement que les tantes sont négligentes de les corriger et instruire. Néanmoins, quand il est nécessaire d'imposer quelques peines pour fautes griéves ou légères, cela se fait par ladite dame abbesse et le chapitre conjointement.

» A elle pareillement appartient et à la plus ancienne dame de l'église, en son absence, de faire exécuter les ordonnances et règlements faits en chapitre, et d'avoir le soin que chacune se maintienne en son devoir et remplisse exactement les fonctions de sa charge... Elle doit assister à toutes les processions qui se font pendant l'année en cette église, et, aux solennités, faire porter la crosse devant elle.

» De la charge des dames doyenne et trésorières. — La plus ancienne des dames est appelée doyenne; elle n'est point dignitaire et ne jouit, par sa place, d'aucunes prérogatives particulières; elle n'a d'autres droits et priviléges que ceux qui sont attachés à son ancienneté.

» Il paraît par tous les actes qu'il y a toujours eu une trésorière et quelquefois deux, sans qu'elles fussent dignitaires, leurs fonctions étant uniquement bornées aux soins de la sacristie.

» Les deux dames trésorières auront un soin particulier que

les marguilliers tiennent toutes choses appartenant au culte divin nettement et avec l'ordre et la décence requise tant dans la sacristie qu'en ce qui concerne l'ornement des autels et images, et pour ce qui appartient au saint sacrement de l'autel, les chanoines semainiers auront soin d'orner et parer le dedans du tabernacle, de le tenir toujours fermé de la clé et de renouveler par chacun mois de l'année la sainte eucharistie; à quoi lesdites deux dames prendront garde. Elles prendront aussi exactement garde que les prêtres externes qui se présenteront pour dire la messe en cette église soient munis de la licence nécessaire tant pour dire la messe comme pour ouïr quelque confession si faire le voulaient... La dame abbesse aussi pourra leur donner telle licence s'ils s'adressent à elle.

» De l'office des chanoines et autres personnes ecclésiastiques de cette église. — De temps immémorial il y a toujours eu dans cette église deux prêtres desservant l'autel, que l'on a nommés chanoines ou semainiers; lesquels possèdent chacun une prébende en qualité d'office perpétuel intitulé depuis quelque temps, l'un la prébende de Saint-Gauzlin et l'autre de Saint-Pierre; desquelles prébendes, en quelconque manière qu'elles puissent être vacantes, la dame abbesse et le chapitre en pourvoient en tout mois et en tout temps; et ont été lesdites deux prébendes ainsi appelées à cause qu'à une la chapelle de Saint-Gauzlin, et à l'autre celle de Saint-Pierre, fondées dans ladite église, ont été unies par l'autorité ecclésiastique...

» Outre lesdits deux chanoines, il y en a un troisième maintenant, nouvellement établi[1] par la dame abbesse et le

1. Depuis 1741.

chapitre afin de décorer davantage le saint service divin et de soulager les deux anciens en leur office, moyennant l'union des deux chapelles de Sainte-Barbe et de Saint-Nicolas, la rente desquelles est perpétuellement affectée pour la dot et portion compétente dudit troisième chanoine... La charge ordinaire desdits trois chanoines est de célébrer chacun jour, après l'office des dames, la messe capitulaire, de faire diacre et soudiacre à la messe solennelle aux bons jours, fêtes de garde et dimanches, et depuis le grand autel de répondre aux dames les *Kyrié* et *Gloria* et graduel ou premier *alleluia* et *Credo*.

» Le chanoine semainier est tenu d'assister chaque jour aux premières vêpres, revêtu de surplis et de chape, d'officier solennellement, donner l'encens à *Magnificat,* chanter le chapiteau[1], la collecte et les commémorations, si aucune il y a; d'administrer les saints sacrements de l'église tant aux dames qu'à leurs domestiques, étant, pendant la semaine, réputé comme curé qui a charge de leurs âmes; d'entendre les confessions des pèlerins qui viennent fréquemment en cette église par dévotion....

» De l'autorité du chapitre, et comme il se tiendra en cette église. — Les dames nièces étant sous la charge de leurs tantes, n'ont régulièrement entrée ni voix en chapitre, mais seulement la dame abbesse et les anciennes dames, qu'on appelle dames de chapitre. Le chapitre ordinaire se tiendra une fois la semaine, le samedi[2], après la messe

1. Le capitule.

2. Une délibération du 30 avril 1716, porte que « tous les premiers mardis du mois, à l'issue de la messe, se tiendra régulièrement chapitre en la chambre capitulaire, où toutes les dames capitulantes présentes devront se trouver pour délibérer... » Il paraît que cet usage fut modifié dans la suite.

conventuelle, auquel toutes les dames seront tenues d'assister à moins d'excuse légitime.

» La plus ancienne dame est celle qui propose et collige les voix, commençant à la dame abbesse, puis aux autres dames selon l'ordre de leur réception; fait enregistrer la conclusion du chapitre, et c'est à la dame abbesse à la faire mettre à exécution. La voix de ladite dame abbesse a force de deux voix.

» Autant de fois que la nécessité des affaires de l'église le requerrera, le chapitre se tiendra au lieu à ce destiné, et se convoquera par la plus ancienne dame, après que l'on en aura communiqué avec la dame abbesse, si elle est présente; et ne se proposera ni passera aucune affaire d'importance qu'elle n'ait premièrement été entrecommuniquée entre la dame abbesse et les dames de chapitre, afin que toutes puissent être préparées avant que d'entrer en chapitre; s'il arrive qu'une partie des dames, comme le tiers, soient absentes, il en faudra différer la résolution jusqu'à ce qu'on les ait averties pour se trouver en chapitre au jour qui sera fixé, ou bien qu'on ait reçu leurs voix par écrit.

» Tous les ans se tiendra le chapitre général, le premier jour de mars, et continuera jusques à tant que toutes les affaires soient expédiées; auquel chapitre toutes les dames, tant de chapitre que nièces, les chanoines prébendés, bénéficiers et officiers de ladite église, doivent se trouver sous peine, contre les dames, de la perte d'un franc par chacun jour, et contre les autres personnes ci-dessus nommées, de peine pécuniaire à l'arbitrage du chapitre, à moins d'excuse légitime. En icelui chapitre on traitera premièrement des choses qui concernent le service divin et des manquements que chacun y peut avoir fait; on lira les présents règlements pour voir si on les a observés, afin de mettre ordre pour l'avenir ; le règlement du prévôt-officier lui sera lu et représenté pour voir s'il y a manqué.

» Toutes les résolutions, tant du chapitre général que des autres ordinaires et extraordinaires, seront rédigées sur-le-champ et fidèlement par écrit, ensemble tous les baux, contrats, acensements et donations qui se font à l'église, et, à cet effet, il y aura deux livres de papier blanc, l'un servant à écrire lesdites conclusions capitulaires, l'autre pour lesdits baux, contrats, acensements et donations; et seront gardés lesdits livres dans une armoire au lieu du chapitre, sans pouvoir être portés dehors, sinon du consentement du chapitre.

» Il importe grandement au bien du chapitre de tenir secrètes les affaires qui s'y traiteront ou résoudront; c'est pourquoi toutes les dames qui seront nouvellement reçues en chapitre prêteront le serment, ès mains de la dame abbesse, de ne rien déclarer des secrets du chapitre sous peine d'en être exclues et suspendues pour le temps que la dame abbesse et le chapitre jugeront le cas mériter.

» Et combien que les nièces n'aient aucune voix en chapitre pendant la vie de leurs tantes, elles peuvent néanmoins, pour le bien des affaires de l'église, y être retenues, principalement s'il y a petit nombre de dames, et lorsqu'elles auront atteint l'âge de dix-huit ou vingt ans, si elles en sont jugées capables, et qu'elles aient été sept ans entiers dames en cette église. Elles ne signent les actes capitulaires qu'en qualité de présentes, pour leur instruction.

» Il y a un bureau au milieu de la salle capitulaire; dans la même salle se trouvent un fauteuil pour l'abbesse, une chaise garnie pour la doyenne et des chaises de paille pour les autres dames.

» Le prévôt est secrétaire du chapitre ; il assiste, en cette qualité, à toutes les délibérations capitulaires ; c'est lui qui les rédige et les signe, en mettant au bas de son nom : *par ordonnance capitulaire*.

» COMPTES. — Les comptes se rendent annuellement en chapitre, convoqué à cet effet ; ils sont examinés et discutés par l'avocat plaidant du chapitre.

» CLÉS DES ARCHIVES ET DU TRÉSOR. — L'armoire où l'argent et les papiers les plus importants sont déposés, ne peut être ouverte qu'avec trois clés différentes, dont l'une est confiée à l'abbesse, une autre à la doyenne, et la troisième à la plus ancienne des dames[1] ; celle de ces trois

1. Il n'en était pas ainsi dans l'origine, ce qui donna lieu à des contestations entre l'abbesse et les chanoinesses ; on trouve, à la date du 19 décembre 1550, un « arrêt et accord passé au Conseil de Lorraine, par lequel la difficulté d'entre dame Anne de Jussy, abbesse, et les dames du chapitre, est vidée, au sujet de la clé prétendue par ladite dame, et ordonné que les titres et lettrages de l'église seront pour l'avenir à la garde et sous deux clés de deux desdites dames du chapitre, au nom d'icelui, comme du passé a été fait. Et afin que ladite dame abbesse ne soit privée de la connaissance desdits titres, les parties consentirent respectivement qu'inventaire se ferait d'iceux titres, et que ledit inventaire demeurerait ès mains de ladite dame abbesse. »

Cet accord ne mit pas fin au conflit dont il vient d'être parlé, car on trouve encore, sous la date du 19 novembre 1561, une « sentence rendue à Toul sur la difficulté d'entre les dame abbesse et chapitre, par laquelle est dit que les dames de chapitre auront une clé du coffre où sont les lettres et titres de l'église de Bouxières, et ladite dame abbesse une autre, pour conjointement ouvrir ledit coffre en tant que besoin sera ; et où ladite dame abbesse sera absente, elle sera contrainte laisser ladite clé à l'une des dames capitulantes telle que bon lui semblera ; autrement, et à faute de ce, pourront lesdites dames ouvrir ledit coffre sans l'appeler. »

Il paraît que de nouveaux arrangements eurent encore lieu, puis-

dames qui s'absenterait de Bouxières doit avoir la précaution de laisser la clé dont elle est chargée à une des dames chanoinesses qui ait l'âge requis, c'est-à-dire vingt-cinq ans.

» Les mêmes dames ont aussi les clés du trésor; c'est une sacristie particulière où sont renfermés, dans différentes armoires, les reliques, l'argenterie, les ornements les plus précieux et tout ce qui ne sert qu'aux jours solennels.

» PRÉVÔT. — Le prévôt est nommé par l'abbesse et le chapitre, à la pluralité des voix; il est obligé de fournir caution et arrière-caution. C'est lui qui fait les recettes du chapitre, gouverne et régit ses biens, fait les distributions des prébendes et généralement toutes les autres distributions; il prête serment en chapitre, entre les mains de l'abbesse. Il est tenu de rendre les comptes annuellement et de les justifier par quittances. »

On a vu plus haut que le prévôt était chargé de la rédaction des délibérations capitulaires, au bas desquelles il apposait son nom; les actes importants étaient écrits, sur parchemin, soit par cet officier, soit par un tabellion, et le chapitre, pour leur donner l'autorité voulue, y faisait appendre son sceau. Il m'a été impossible, parmi le grand nombre de titres provenant des archives de Bouxières, de trouver de ce sceau un exemplaire intact, et j'ai dû le reconstituer en en rapprochant divers fragments : il est de forme circulaire et représente la Sainte-Vierge assise sur un siége assez grossier, tenant de son bras gauche l'enfant Jésus et de la main droite une branche de lys. La légende,

qu'une note de l'année 1605 porte que les deux plus anciennes dames du chapitre avaient chacune une clé du coffre dans lequel étaient enfermées les archives.

placée entre deux grènetis, porte : **SIGILLVM CAPITVLI BEATE MARIE BVSSERIENSIS.**

Les documents que j'ai précédemment rappelés ne disent rien du costume des chanoinesses de Bouxières ; mais on le trouve indiqué dans une délibération capitulaire, du 7 juillet 1722 :

« A l'avenir, y est-il dit, les dames capitulantes ou nièces ne paraîtront plus au chœur pour y faire l'office divin qu'en habillements noirs, tous uniformes, et n'y entreront qu'avec leurs manteaux d'église.

» Elles ne porteront point de rubans, surtout à la tête, que noirs, blancs et violets, et se conformeront en tout à la modestie chrétienne.

» Hors de leur église elles feront de même. Elles pourront néanmoins, celles qui le voudront, porter des couleurs modestes, comme brun, gris, viollet, pourpre, gros bleu et feuilles mortes, les rubans et le reste de même couleur.

» En tous leurs habillements elles ne porteront ni or ni argent dans les étoffes, non plus aucunes pierreries ni fleurs sur la tête ni sur les habits, non seulement à Bouxières, mais encore partout ailleurs où elles se trouveront[1].

» Chacune se mettra en état de se conformer au présent règlement, de même toutes les dames qui seront reçues à l'avenir, quand même elles ne seraient âgées que de sept ans, qui est l'âge admis dans l'église. »

J'ai dû, en l'absence de document qui fît connaître, dans une série d'articles, les règlements et usages du chapitre de Bouxières, recueillir çà et là tous les renseignements

1. Les chanoinesses de Bouxières avaient, pour signe distinctif, une croix émaillée à huit pointes, à l'effigie de saint Gauzlin, qu'elles portaient suspendue à un ruban bleu liseré de rouge, passé en sautoir.

SCEAU DU CHAPITRE DE BOUXIÈRES.

qu'il m'a été possible de découvrir et les rattacher les uns aux autres ; il en résulte nécessairement un certain défaut d'ordre et d'ensemble que je n'ai pu éviter, sous peine d'omettre beaucoup de particularités qui me semblaient intéressantes.

Ainsi, il me reste à compléter ce que j'ai dit des abbesses, en donnant quelques détails sur ce qui avait lieu lors de leur prise de possession.

Quand le siége abbatial devenait vacant et qu'il s'agissait de procéder à une élection, toutes les dames capitulantes absentes en étaient informées par un avis[1] qui leur était adressé et qu'on affichait, à trois reprises, à la porte de leur maison et à celles de l'église et du chapitre.

L'élection faite, à la pluralité des voix, la nouvelle dignitaire était mise en possession du spirituel, puis du temporel de son abbaye, par deux actes séparés, que l'on consignait dans les registres capitulaires. Voici des extraits de ceux qui furent rédigés pour la prise de possession de Mme d'Eltz, en 1762.

«...Ladite dame s'étant rendue en la salle ordinaire du chapitre, en habits de chœur, ornements et ajustements appartenant à ladite dignité d'abbesse, y a été reçue par la doyenne, et conduite à l'église par ladite dame et par les cavaliers servant de témoins, à l'assistance du notaire chargé de dresser l'acte, où le chanoine de semaine de ladite église a présenté l'eau bénite à ladite dame abbesse, laquelle étant parvenue au bas du sanctuaire, s'est mise à

1. Dans ces lettres, les dames se traitent de cousine, et finissent par cette formule : «.... et vous prier d'être persuadée que nous sommes, Madame notre cousine, vos très-honorées et affectionnées servantes, les dames capitulantes de l'insigne église collégiale Notre-Dame de Bouxières. »

genoux sur le carreau préparé à cet effet, y a fait sa prière, puis ladite dame doyenne étant entrée au chœur et y ayant pris sa place, ladite dame abbesse, assistée desdits notaire et témoins et du chanoine de semaine, après avoir fait la révérence aux dames, conduite par l'un desdits cavaliers au pied du maître autel, elle s'y est mise à genoux sur le carreau y préparé et a touché, en signe de possession, le pupitre et le livre des saints Evangiles, à elle présenté par le chanoine; et de suite ladite abbesse revenue au chœur, la doyenne l'a reçue à l'entrée d'icelui et l'a conduite dans le siége abbatial où elle a pris sa place, et après y avoir reçu la crosse des mains de la doyenne et ensuite les honneurs du chœur de la part de toutes les dames présentes, il lui a été présenté de nouveau, par le chanoine, le livre des Evangiles, sur lequel, ayant la main droite étendue, elle a dit : « Je jure et promets, par les saintes Evangiles de » Dieu, de faire garder et observer les statuts, usages et » coutumes de cette église, de n'y faire ni souffrir qu'il y » soit fait aucun changement que pour la plus grande » gloire de Dieu et le plus grand bien de ladite église, et » par le consentement unanime du chapitre, et de défendre » de tout mon pouvoir ses droits, priviléges et préroga- » tives, tant au spirituel qu'au temporel; et ceci je le jure » par mon serment, par les saintes Evangiles susdites et » au péril de mon âme. » Ce qui étant fait, le chœur a entonné le *Te Deum*, chanté au son des cloches et de l'orgue; ensuite ladite dame, conduite par l'un desdits cavaliers, accompagnée et suivie des dames doyenne et chanoinesses, dudit chanoine et du prévôt-receveur du chapitre, des notaire et témoins, s'est rendue en la salle ordinaire dudit chapitre, où elle a pris séance dans le fauteuil et à la place destinée à sa dignité, où étant, les clés des Archives et du trésor de ladite église lui ont été présentées par ladite dame doyenne, et toutes les autres formalités et solennités voulues, requises et observées pour ladite prise de possession. »

Voici maintenant l'acte dressé à l'occasion de la prise de possession du temporel :

« L'an 1762, le 25e novembre, avant midi, en vertu d'un arrêt émané de Nosseigneurs de la Cour Souveraine de Lorraine et Barrois, par lequel il est permis à la dame impétrante de prendre possession du temporel dépendant de la dignité d'abbesse de l'insigne église de Bouxières, et à la requête de Mme ....., comtesse d'Eltz, qui fait élection de domicile en l'étude de Me Charles, procureur à la Cour...., me suis transporté à Bouxières, où étant parvenu au-devant de la porte et principale entrée de l'hôtel abbatial, j'ai, à la réquisition de ladite dame, donné lecture à haute et intelligible voix de l'arrêt de l'exécution duquel il s'agit, et déclaré que j'allais mettre en possession du temporel de ladite abbaye ladite dame comtesse d'Eltz; et pour premier signe de sa prise de possession, je lui ai mis en main les clés de la porte d'entrée de ladite abbaye pour l'ouvrir, la fermer et la rouvrir; ce qu'elle a fait en présence des témoins ci-après nommés.

» De là je l'ai conduite dans la principale chambre à cheminée de ladite abbaye, où étant, ladite dame a fait feu, flamme et fumée sous la cheminée, pour la seconde marque de prise de possession.

» Enfin, je l'ai conduite sur une des pièces de terre et sur un jardin dépendant de ladite abbaye, en présence des mêmes témoins, où étant, lui ai mis une motte de terre et une branche d'un des arbres dudit jardin dans la main, pour troisième et quatrième marques de prise de possession... »

Les règlements du chapitre de Bouxières ne semblent pas avoir subi de modification, du moins importante, depuis l'époque de la sécularisation de l'abbaye ; ce fut seulement dans la seconde moitié du siècle dernier que des changements furent apportés aux statuts primitifs. Au mois de janvier 1761, Stanislas donna, au sujet des preuves à faire dans les quatre chapitres de dames chanoinesses de Lorraine, une Déclaration dont je crois devoir reproduire le texte :

« Le désir d'accroître autant qu'il est en nous, dit le » Roi, le lustre des quatre chapitres de dames chanoi- » nesses fondés depuis nombre de siècles dans nos Etats, » nous a fait rechercher les moyens les plus naturels de » leur donner des marques particulières de notre protec- » tion et bienveillance, en augmentant, par des unions et » incorporations, la dotation de ceux d'entr'eux où l'ai- » sance nécessaire ne se trouvoit point pour remplir le » service divin et autres charges et obligations de leur état » avec la décence convenable ; et voulant porter nos atten- » tions encore plus loin, en confirmant les prééminences, » libertés, prérogatives, exemptions, et généralement tous » les droits dont ils sont en possession, nommément celui » d'élection à leurs dignités et offices respectifs, en la ma- » nière ordinaire ; nous jugeons, pour plus grande illustra- « tion, devoir encore faire remonter les preuves du côté » paternel au-delà de celles qu'exigent les statuts, et, par » compensation, diminuer leur rigueur du côté des preuves » maternelles ; ce qui présente, pour la noblesse la plus » distinguée, des avantages sensibles auxquels il est juste » de ne laisser participer que nos propres sujets et ceux » du Roi très-chrétien... ; à ces causes...., nous confir- » mons tous les droits, distinctions, immunités, priviléges, » libertés, prérogatives et exemptions dont jouissent ou

» doivent jouir lesdits chapitres, et nommément le droit » d'élection, comme d'ancienneté, à leurs dignités respec- » tives.

» Ordonnons qu'à l'avenir, dans les quatre chapitres de » Lorraine : de Remiremont, Bouxières, Epinal et Poussay, » les preuves de noblesse, pour y avoir entrée, seront » faites de huit degrés du côté paternel, au lieu de quatre; » restreignant celles du côté maternel aux mêmes huit de- » grés, pour la dernière mère seulement.

» Ne seront admis à l'avenir aux dignités et prébendes » desdits chapitres que nos propres sujets, ou naturalisés, » et ceux du Roi très-chrétien faisant profession de la re- » ligion catholique, apostolique et romaine, ayant les » autres qualités requises, à l'exclusion de ceux d'Alsace, » à moins que nosdits sujets et ceux de France ne soient » reçus dans les chapitres de ladite province, en faisant » les preuves réglées par leurs statuts[1]. »

Les chapitres de Remiremont, Epinal et Poussay s'en tinrent aux termes de cette Déclaration; mais celui de Bouxières, en obtenant les patentes de sa translation Bon-Secours, fut autorisé à exiger, pour le côté paternel, les preuves de la cour, c'est-à-dire jusqu'en 1400 inclusivement, et huit degrés du côté maternel, de sorte qu'il devint le chapitre de toute la France où les preuves étaient les plus rigoureuses. Ce n'était donc pas dans ce sens, mais seulement à cause de la modicité des revenus et du grand nombre des dames, qu'on pouvait lui appliquer cette plaisanterie qui se faisait sur les quatre chapitres nobles de Lorraine : dames de Remiremont, demoiselles d'Epinal, femmes de chambre de Poussay et servantes de Bouxières.

1. Recueil des Ordonnances de Lorraine, t. X, p. 124.

On crut également utile, « pour l'intérêt de la noblesse et la décence du service divin, » d'augmenter considérablement le nombre des dames, et il fut porté à quarante-huit, savoir : une abbesse, vingt-trois dames tantes et vingt-quatre dames nièces, toutes chanoinesses et prébendées ; de plus, les dames tantes furent autorisées, pendant le cours de dix années, à se choisir des secondes nièces.

Telles furent les modifications principales qui, à l'époque de sa translation à Bon-Secours, s'introduisirent dans les anciens statuts du chapitre de Bouxières ; il ne m'est pas possible de signaler toutes les autres ; elles sont indiquées dans les nouveaux règlements[1] dressés en 1786 ; règlements qui formeraient presque à eux seuls un volume, et dont je dois me borner à donner sommairement la substance.

Ils sont divisés en cinq parties : la première traite de l'état et composition du chapitre, tant pour le moment que pour l'avenir ; la seconde, des devoirs communs à toutes les dames ; la troisième, des devoirs particuliers aux dames qui ont quelque dignité ou quelqu'office ; la quatrième, des revenus et de tout ce qui a rapport au temporel ; la cinquième, des chanoines, des officiers du chapitre et de toutes les personnes qui lui appartiennent ou en dépendent.

La première partie se subdivise en cinq chapitres, dont quelques-uns sont subdivisés eux-mêmes en plusieurs sections : 1° de la composition actuelle ; 2° des différents genres de vacance et de la nomination aux prébendes : de la vacance par mort, — des vacances par démissions, — de la vacance par destitution ; 2° de la nomination aux places : de la nomination à la prébende ducale, — de la

1. Ils sont en manuscrit à la Bibliothèque publique de Nancy.

nomination à la prébende de la crosse, — de la nomination aux autres prébendes, — de la prébende du seigneur évêque de Toul; 4° des qualités nécessaires pour qu'une demoiselle soit reçue : de l'âge, — de la noblesse; 5° de la réception des dames chanoinesses : de l'apprébendement, — du stage.

La seconde partie comprend six chapitres : 1° de la résidence; 2° des congés; 3° des devoirs envers Dieu : du Bréviaire, — de l'assistance aux offices, — des confessions et communions; 4° des devoirs des dames entre elles et des devoirs de charité; 5° des autres devoirs des dames chanoinesses : des logements, — de l'habillement, — de la permission de tester, — de l'assistance aux assemblées capitulaires : des différentes espèces de chapitres, des personnes qui seront appelées aux chapitres, de l'ordre des chapitres, de la manière de traiter les affaires, des actes capitulaires, des oppositions et protestations, des registres capitulaires, des expéditions des actes capitulaires; 6° des fautes.

La troisième partie contient les huit chapitres suivants : 1° de la dame abbesse : de ses devoirs, — de ses droits, — de l'élection de la dame abbesse, — de la dame coadjutrice; 2° de la dame doyenne[1]; 3° de la dame secrète[2];

1. Cette dignité, on le voit, n'appartenait plus, comme par le passé, à la plus ancienne dame du chapitre; elle se conférait par voie d'élection. En l'absence de l'abbesse, la dame doyenne présidait le conseil et veillait à l'exécution des règlements; elle avait « une inspection particulière sur les jeunes dames qui ne tenaient pas ménage et étaient en pension. »

2. La dame secrète présidait le conseil en l'absence de l'abbesse et de la doyenne; elle était particulièrement chargée du soin de la sacristie, des vases sacrés, des reliques, des ornements, en un mot de tout ce qui concernait le service divin.

4° des dames du conseil : composition du conseil, — des affaires qui seront portées au conseil, — des devoirs des dames du conseil ; 5° des quatre dames chantres ; 6° des dames fabriciennes ; 7° de la dame aumônière ; de la dame bibliothécaire[1].

La quatrième partie se divise seulement en deux chapitres : 1° de la distribution des revenus du chapitre : des revenus du chapitre en général, — de la distribution des revenus, — du lot prébendal, — du lot fabrical ; 2° de l'administration des biens : de l'administration des biens en général, — des procès, — des baux, — des comptes, — des archives.

La cinquième et dernière partie comprend trois chapitres : 1° des chanoines : des places des chanoines, — des revenus des chanoines, — des devoirs des chanoines ; — 2° du sacristain et des autres personnes tenant à l'office divin : de l'organiste et du bedeau, — des enfants de chœur ; 3° du prévôt et de toutes les personnes tenant au service temporel du chapitre : du généalogiste[2] et de l'architecte, — du suisse.

Comme complément aux règlements dont je viens de faire connaître sommairement les dispositions, on rédigea un Cérémonial, également fort étendu, qui est divisé en deux parties : la première traite de l'office ordinaire et des cérémonies qui s'y feront ; la seconde, des offices et cérémonies extraordinaires.

Les dames abbesse, doyenne et secrète devaient, aux termes du décret de translation, jouir chacune d'une dotation indépendamment de leur prébende.

1. Ces quatre dernières dignitaires, dont il n'est pas besoin d'indiquer les attributions, étaient à la nomination de l'abbesse.

2. C'était Dom Marc Probst, de la congrégation de Saint-Vanne.

La première partie comprend les chapitres suivants, qui se subdivisent en plusieurs paragraphes : 1er Chapitre. Des personnes qui ont à chanter, à réciter ou à faire quelque cérémonie dans le chœur : de la dame abbesse, de celle qui présidera le chœur en l'absence de la dame abbesse, — des dames chantres, — de la dame de semaine, — des dames qui auront quelque chose à chanter ou réciter au chœur, — des chanoines, — du prévôt, — du sacristain, — du bedeau, du suisse et des enfants de chœur.

2e Chapitre. De ce qui est commun à tous les offices : de l'heure des offices, — de la sonnerie, — de l'entrée au chœur, — des places au chœur, — du rite de chaque office, — du luminaire, — de ce qui sera chanté et psalmodié, — de l'orgue, — de la manière de se tenir au chœur.

3e Chapitre. Des parties de l'office : des parties communes à plusieurs offices : des hymnes, — des versets et des répons brefs, — des antiennes, — des psaumes; — des parties propres à certains offices : du *Venite,* — des leçons, — des répons, — du *Te Deum,* — de la confession, du martyrologe et du petit chapitre de prime; — des messes et de ce qui y a rapport : de la messe canoniale, — des messes basses, — de l'eau bénite, — des processions, — des offrandes, — des encensements au chœur, — des communions générales, — du pain bénit, — de l'exposition du Saint-Sacrement et des saluts, — des sermons.

4e Chapitre. De l'office et des cérémonies particulières à certains jours de l'année. Des fêtes mobiles : de l'Avent, — du mercredi des Cendres, — du carême, — du dimanche des Rameaux, — de la semaine sainte[1], — de la

1. Voici ce qui avait lieu le jour du Jeudi-Saint : « Le Jeudi-Saint,

fête de Pâques, — des Rogations, — du jour de la Pentecôte, — de la Fête-Dieu et de son octave. — Des fêtes non mobiles : de la fête de Noël, — de la fête de la Purification, — de la cérémonie du quatrième jour de juillet[1], —

à trois heures après midi, la dame abbesse fera la cène, assistée des dames doyenne et secrète et, en leur absence, des plus anciennes dames, et en l'absence de la dame abbesse, cette cérémonie sera faite par celle qui présidera le chapitre.

» La dame secrète choisira treize pauvres petites filles, de l'âge de cinq à huit ans, auxquelles elle lavera les pieds. Elle fera préparer, dans le milieu du chœur, entre le pupitre et l'autel, une crédence sur laquelle seront le bassin, l'aiguière pleine d'eau et le linge nécessaire, que fournira la dame abbesse, et deux bancs sur lesquels seront assises les petites filles, avec leurs mères ou leurs plus proches parentes debout derrière elles.

» La dame abbesse et les deux dames assistantes se placeront sur des siéges mis à cet effet dans le fond du chœur, toutes les autres dames étant dans leurs stalles.

» L'Evangile sera chanté par le diacre accompagné du sous-diacre et de deux acolytes.

» A ces paroles : *linteo præcinxit se*, les deux dames assistantes ceindront la dame abbesse du linge préparé à cet effet.

» Après que le sous-diacre aura fait baiser l'Evangile à la dame abbesse en la manière ordinaire, les trois dames se rendront au lieu où seront les pauvres, la dame doyenne portant l'aiguière, la dame secrète le bassin, et la dame abbesse une serviette qui lui sera présentée par la dame secrète.

» Toutes les trois étant à genoux devant chaque pauvre, la dame doyenne versera sur le pied droit de chacune un peu d'eau que la dame secrète recevra dans le bassin, la dame abbesse essuiera le pied et le baisera.

» Cette cérémonie achevée, le chanoine de semaine chantera la collecte. Ce qui doit être chanté sera entonné par la dame chantre et continué par le chœur.

» Il sera distribué à chacune des petites filles un pain de deux livres et trois livres de France aux frais du chapitre. Lorsque la dame abbesse fera elle-même la cérémonie, elle doublera cette aumône. »

1. « Le quatrième jour de juillet, après complies, on dira dans le

du jour de l'Assomption de la Sainte-Vierge, — du jour des Morts, — des offices de fondation.

Seconde partie. Des offices et cérémonies extraordinaires. — Chapitre 1er. Des élections, mises en possession, apprébendements et serments : de l'élection et mise en possession de la dame abbesse, — de l'élection et mise en possession des dames doyenne et secrète, — des apprébendements[1], — des serments : de l'abbesse, des doyenne et secrète[2], serment solennel des preuves, fait par les chevaliers; serment du prévôt.

Second chapitre. De l'administration des sacrements aux malades, des enterrements et prières extraordinaires.

Le Cérémonial se termine par la formule de la permission donnée à une dame pour faire son testament.

On voit, par cette analyse très-sommaire, que les Réglements du chapitre de Bouxières ont beaucoup d'analogie avec ceux que le chapitre de Remiremont fit imprimer en 1735; ces derniers furent longtemps en vigueur, tandis que les premiers purent à peine recevoir un commencement

chœur et à genoux les litanies de la Sainte-Vierge, l'antienne *Sub tuum*, le verset *Ora pro nobis* et la collecte *Concede nos*, les antiennes, les versets et les collectes de Saint-Gauzlin et des Saints-Anges, en actions de grâces de ce que l'église de Bouxières a été préservée du feu. »

2. Cette partie du Cérémonial n'est, à très-peu de chose près, que la reproduction de ce qui se trouve dans le Mémoire dont j'ai donné plus haut des extraits.

3. Voici la formule du serment de ces deux dernières dignitaires : « Je ..... jure sur les saints Evangiles d'observer et de faire observer les statuts et règlements de cette église, selon que ma qualité de .... l'exige. Je promets en outre de garder et faire garder respect, soumission et obéissance à Mme l'abbesse et au chapitre pour ce qui concerne les règlements et conformément à iceux. Ainsi Dieu me soit en aide et ces saints Evangiles. »

d'exécution. Ils sont néanmoins curieux à interroger, car ils furent probablement rédigés, du moins en grande partie, sur des statuts anciens dont on ne retrouve plus que des fragments.

Depuis son origine jusqu'à sa suppression, l'abbaye de Bouxières fut gouvernée par trente-une abbesses, dont je donne la suite chronologique dans les pièces justificatives de ce travail[1]; j'y ait joint la liste des religieuses ou des chanoinesses, dressée d'après les documents divers qui existent encore. Cette liste est loin d'être complète; mais, telle qu'il m'a été possible de la reconstituer, elle n'est pas sans intérêt; non seulement elle renferme beaucoup de noms historiques, mais elle est comme le reflet de l'état du pays à différentes époques. Dans les temps qui suivent sa sécularisation, l'abbaye de Bouxières est presque exclusivement composée de demoiselles appartenant à des familles lorraines; plus tard, après les guerres désastreuses du XVIIe siècle qui ont ruiné ou anéanti la noblesse, le chapitre est obligé d'aller recruter ses membres en Allemagne; l'élément lorrain y reparaît quand notre province commence à se remettre des maux qu'elle avait soufferts, puis il est comme absorbé par l'élément français lorsqu'a lieu sa translation à Bon-Secours et sa transformation, sous la puissante influence des princes de la maison régnante. Cette institution a perdu alors, avec son caractère primitif, le prestige qui l'avait entourée pendant des siècles : de même que la Lorraine, elle n'a plus de nationalité. Aussi, au moment où la Révolution vint achever de l'anéantir, sa suppression ne dut-elle causer à nos pères que de médiocres regrets : elle avait cessé déjà d'exister pour eux.

1. Pièces XI et XII.

III.

ÉGLISE. — CHAPELLES. — CONFRÉRIES.

On ne possède aucun document qui fasse connaître ce qu'était, au point de vue matériel, l'abbaye de Bouxières avant sa sécularisation. Il est assez probable, néanmoins, qu'elle n'avait rien qui la distinguât des autres établissements religieux soumis, comme elle, à la règle de Saint-Benoît. Sa physionomie extérieure se modifia en même temps que sa discipline intérieure : ses religieuses, devenues des chanoinesses, se firent bâtir des maisons où chacune d'elles résidait avec sa nièce. Ces maisons, séparées les unes des autres par un jardin, occupaient le sommet de la montagne; plus bas étaient l'hôtel abbatial et l'église, s'élevant sur le bord d'une terrasse escarpée. Ces diverses constructions se trouvaient dans un vaste enclos, de forme irrégulière, et fermé de murs. Elles se détachaient complétement du reste du village et offraient ainsi le plus pittoresque aspect.

Les demeures des chanoinesses subsistent encore presque toutes, mais défigurées; quant à l'église, vendue comme propriété nationale, elle a été à peu près entièrement détruite. Celle-ci n'était plus, du reste, le sanctuaire primitif fondé par saint Gauzlin : en effet, soit que le pieux évêque de Toul n'eût pas, dans son empressement, donné à l'édifice toute la solidité nécessaire; soit que le défaut d'entretien ou de réparations eût laissé aux eaux pluviales la facilité d'infiltrer les murs et les voûtes, l'église abbatiale, élevée dans la seconde moitié du xe siècle, menaçait ruine dès la première moitié du xiiie, et dans le courant de l'année 1244, le pape Innocent IV ratifiait les bulles d'indulgences accordées par plusieurs évêques en faveur des personnes charitables qui contribueraient, par leurs dons, à la reconstruction de l'église de Bouxières. Au mois de décembre de la même année, l'abbesse et les religieuses remettaient à maître Pierre, leur clerc, et à ses compagnons, une sorte de patente[1] qui devait leur servir de lettre de recommandation dans les maisons où ils se présenteraient pour recueillir les offrandes, tant pour le rétablissement de l'église que pour celle du pont dont il a été parlé précédemment, et qu'une inondation venait d'emporter.

Voici, d'après une copie qui nous en a été conservée[2], le texte des lettres de créance délivrées par le chapitre à ses envoyés :

« Aux révérendz pères en Dieu et seigneurs archevesques, évesques, abbés, chapitres, et à tous fidelz » chrestiens qui ces présentes verront, les abbesse et tout » le couvent de l'église de Bouxières, salut, honneur et ré- » vérence. Sçavoir faisons à un chacun de vous par la te- » neur des présentes que comme ainsy soit que l'église » Nostre-Dame de Bouxières, diocèse de Toul, ait depuis » longtemps commencé à édifier certain pont sur la rivière » de Meurthe, en ung lieu là où plusieurs personnes sou- » loient périr (*sic*), et auquel lieu l'on avoit accoustumé de » prendre et exiger le péage des passans, à faulte dudit » pont, et acquicter ledit péage par le moyen desditz pas- » sans, et comme ledit pont seroit tombé en ruyne à cause

1. J'ai publié une pièce semblable relative à l'église de Munster dans le *Journal de la Société d'Archéologie* (mars 1857).

2. Cette copie, collationnée par un notaire apostolique, est du 21 janvier 1602 et renferme évidemment beaucoup d'erreurs.

» des grandes inondations d'eaue, de sorte qu'il auroit faillu » qu'icelles abbesse et couvent l'ayent faict rebastir, les » fondemens d'iceluy estans commencez n'auroient peu » estre parachevez, sinon par le moyen et ayde des aul- » mosnes des fidelz. Oultre ce, sçavoir faisons à tous et un » chacun que ladicte église, dédiée à Dieu le créateur, en » laquelle, par vertu divine et pour la révérence des très- » sainctes relicques estantes en ladite église, reluysent tant » et sy grands miracles, icelle église de jour en jour se » ruyne, de sorte que desjà elle [est] tombée en partie et » qu'il convient la réédifier jusques aux premiers fonde- » ments et la rebastir de nouveau. Et d'aultant que nous » n'avons pas les moyens de parachever ledit pont et re- » bastir ladicte église, à ceste occasion sommes contrainctz » de demander l'ayde et suffrages de vous et des aultres. De » ce est-il que nous vous supplions humblement, par charité » et avec toute dévotion, de recepvoir bénignement les messa- » gers de ladite église, présentz porteurs, asçavoir Mre Pierre, » nostre clerc, et ses fidelz compagnons, nos clercz, qui ne sont » mercenaires, ains nos chers et bien aimés, et que, pour » l'honneur de Dieu et à nostre supplication, il vous plaise » les ayder à la promotion et advancement de l'affaire pour » laquelle ilz sont par nous envoyés, en sorte que vous en » puissiés recepvoir rémunération condigne de Nostre Sei- » gneur Jésus-Christ, et qu'à ce moyen nous demeurions » perpétuellement soubz vostre obéissance. Davantage, » nous vous attestons et certiffions que les révérends pères » en Dieu et seigneur Rodulphe, par la grâce de Dieu » évesque de Verdun, et nostre vénérable père l'Evesque » de Toul, et plusieurs aultres évesques et abbés, esmeus » d'affection paternelle sur la nécessité qu'ilz voyent de » réparer les pont et église de Nostre-Dame, susdite, et

» que, sans les aulmosnes des fidelz, ilz ne pouvoient estre » parachevés; et voulant estre prouveu à telles œuvres si » louables, utilles et nécessaires, ilz ont concédé et octroyé » les pardons et indulgences que s'ensuyvent à tous les » bienfacteurs des œuvres susdites. Premièrement, Monsei- » gneur l'Evesque de Verdun a miséricordieusement oc- » troyé quarante jours de pardon sur la pénitence enjoincte » pour les péchés oubliés, pour les vœux rompus, pour » les offences faictes contre les père et mère, non toutes- » fois par injection des mains violentes, pour les pénitences » oubliées, pour les transgressions de la foy et pour les » serments. Monseigneur l'Evesque de Toul en a octroyé » 30 jours; Monseigneur l'Evesque de Cambray en a oc- » troyé 30 jours; Monseigneur l'Evesque de Spire en a » octroyé 10 jours; Monseigneur l'Evesque de Herbipole[1] » en a octroyé 30 jours; Monseigneur l'Evesque d'Armé- » nie[2] en a octroyé 30 jours; Monseigneur l'Evesque de » Strasbourg en a octroyé 40 jours; Monseigneur l'Evesque » de Vormes en a octroyé 20 jours; Monseigneur l'E- » vesque de Noviomence[3] en a octroyé 30 jours; Monsei- » gneur l'Evesque d'Attrabatence[4] en a octroyé 30 jours; » Monseigneur l'Evesque de Silvanence[5] en a octroyé 30 » jours. Et oultre ce, ont lesditz seigneurs évesques re- » party à perpétuité lesditz bienfacteurs de tous les bien- » faicts qui se font et qui se feront à l'advenir en leurs » éveschés, et à ceulx desquelz par leur testament auront,

1. Würtzbourg.
2. Sans doute d'Amiens.
3. Noyon.
4. Arras.
5. Senlis.

» pour le remède de leurs âmes, légués quelques choses » pour estre employées aux œuvres susdictes; pour lesquelz est ordonné de célébrer chacun an une messe solemnelle. Davantage, touttes et une chacune les dames » moniales du mesme ordre liront et réciteront ou feront » lire et réciter par chacun an douze psaultiers, savoir : » six pour les vivans et six pour les trespassés, et ce pour » lesdictz bienfacteurs; et de tous les bienfaictz qui se font » et feront en tout leur ordre, elles en font participantz et » consortz [lesdits] bienfacteurs. Tous lesquelz pardons cy » dessus nostre Sainct Père le Pape Innocent a confirmé. » Faict en l'an 1244, au mois de décembre. »

Ce fut avec le produit de la collecte faite par les envoyés du chapitre, et, sans doute, avec une somme prélevée sur le revenu des prébendes, que l'on fit face aux dépenses de la nouvelle église, laquelle, dès le milieu du xve siècle, exigeait déjà, aussi bien que l'abbaye, d'assez importantes réparations.

Par des lettres datées du 20 février 1454, Ferry, archidiacre de Toul, permet aux religieuses de Bouxières, dont les revenus étaient très-modiques à cause du malheur des temps, de faire une quête pour rétablir plusieurs usines et bâtiments du monastère qui tombaient en ruines, et faire une nouvelle châsse pour le corps de saint Gauzlin.

Deux années plus tard, le 20 avril 1456, Guillaume Fillâtre, évêque de Toul, autorise une nouvelle quête pour la réfection de la châsse de saint Gauzlin et les réparations à faire dans l'église du monastère. Cette quête se fera dans toutes les villes du diocèse, où l'on portera les reliques de saint Gauzlin. Ordre est donné à tous les curés, chapitres et communautés de les recevoir avec vénération, en procession et au son des cloches. A leur arrivée dans une église, le village ou toute la paroisse fera la fête comme le jour du dimanche. Ceux qui, par leur générosité, contribueront auxdites réfections, auront quarante jours d'indulgences et participeront à toutes les prières et bonnes œuvres du monastère. Les opposants ou malveillants sont menacés d'excommunication[1].

En quoi consistèrent les réparations faites, à cette époque, dans l'église de Bouxières; eurent-elles pour effet de changer ou d'ajouter quelque chose aux constructions du XIIIe siècle? c'est ce qu'on ignore.

Cet édifice, si l'on peut juger de son ancien aspect par une église en miniature qu'une statue de saint Gauzlin, placée dans la paroisse du village, soutient de la main gauche; cet édifice présentait la forme d'une croix grecque, et les deux bras du transept avaient une longueur égale à celle de la nef et de l'abside. Les quatre branches de la croix étaient terminées par des pignons fort aigus, comme on les faisait au XIIIe siècle, et au point de jonction du transept, de la nef et de l'abside, se dressait une tour octogone, composée de deux étages, en retraite l'un sur l'autre, et surmontée d'une flèche en charpente.

Malheureusement, l'église de Bouxières ne conserva pas longtemps, ou, pour mieux dire, n'eut jamais la physionomie, à la fois légère et gracieuse, de l'édicule qui vient d'être décrit; car il est certain que les religieuses conservèrent une portion de l'ancien édifice, ainsi que l'atteste une ruine située au nord-ouest des constructions du XIIIe siècle. Cette ruine[2] nous offre une porte, aujourd'hui mu-

1. Sommier de Bouxières.

2. Voir la planche ci jointe.

VESTIGES DE L'ÉGLISE DE BOUXIÈRES.

rée, ainsi que deux pans de murs formant un angle droit, et dans l'un desquels est engagée une colonne cylindrique, dont le chapiteau soutient encore les nervures d'une voûte. Le profil des nervures, celui de la base de la colonne et surtout celui du chapiteau, composé seulement de deux petites moulures et d'un tailloir carré, ne permettent pas de les attribuer au XIIIe siècle, et notre jugement est confirmé par l'examen de la porte murée, mentionnée tout à l'heure, et d'une petite baie percée près de la colonne engagée; porte et baie qui présentent toutes deux les caractères de l'architecture romane secondaire. Ces débris appartiendraient donc à quelque construction élevée vers la fin du XIe siècle, plus de cent ans par conséquent après la fondation de l'abbaye. Ils formaient l'angle nord-ouest d'une chapelle qui occupait l'espace compris entre l'abside et la branche septentrionale du transept. Une autre chapelle, ayant à peu près la même largeur, sur une profondeur un peu moindre, fut construite, probablement, au XIVe siècle ou au XVe, sur le terrain limité au nord et à l'ouest par l'abside et la branche méridionale du transept. Une troisième chapelle fut élevée sur le flanc septentrional de la nef, et une quatrième, destinée à servir de sacristie, fut bâtie sur l'autre flanc. Ces constructions auraient pu s'effectuer sans nuire beaucoup à l'aspect de l'église elle-même, si on avait eu l'attention de les rendre exactement parallèles; mais les architectes ne paraissent pas s'être beaucoup préoccupés d'un pareil soin. Enfin, à une époque plus récente encore, selon toutes les probabilités, on a élevé sur le flanc méridional de ce massif de bâtiments hétérogènes deux nouvelles chapelles, qui achevèrent de défigurer l'édifice du XIIIe siècle.

Quant à décrire cet édifice lui-même, il faut y renoncer;

car, à l'exception des débris que nous avons mentionnés plus haut, on aperçoit seulement le socle de la muraille voisine de la sacristie et des arrachements qui ne peuvent offrir à l'antiquaire que des renseignements insuffisants et trompeurs. Mais on trouve dans les Archives du département de la Meurthe un plan de l'église[1] telle qu'elle était

1. Voir la planche et son explication, à la fin de cette notice. Au plan mentionné ci-dessus est joint un procès-verbal d'estimation dressé, le 29 prairial an V, par Dominique Saunier, et dans lequel se trouvent les détails suivants qui compléteront notre description :

« Le domaine dont s'agit offre un ensemble irrégulier situé sur le penchant d'une montagne escarpée et limité... au midi par une forte terrasse dite le Beauregard ; .... au pied de laquelle terrasse se trouve le jardin de l'abbatiale...

» L'église a 63 pieds de longueur sur 75 de largeur, y compris la sacristie et le chœur des chanoinesses ; elle est couverte partie en tuiles creuses et partie en tuiles plates, excepté le clocher qui est couvert en ardoises ; la descente pour y parvenir est en pierres de taille. Au bas de cette descente, à droite, est une chambre à feu et lambrissée, dite la chambre du chapitre....

» A côté de l'église, vers l'occident, sont les cloîtres formant un carré long de 60 pieds sur 42, au milieu duquel se trouve une belle et grande citerne... dans laquelle toute la partie haute de la commune de Bouxières (*Bouxières-au-Mont*, à cette époque) puise les eaux qui lui sont journellement nécessaires...

» Les souterrains au niveau de la terrasse de Beauregard consistent en une grande chambre au-dessous de laquelle se trouve un cellier, ensuite une bougerie et une cave voûtée....

» Le jardin dit de l'abbatiale, au-dessous de ladite terrasse, est composé de deux terrasses ayant ensemble 52 pieds de largeur et 100 de longueur...

» De l'autre côté de l'église, y attenant vers l'orient, est le bâtiment du sacristain...

» Derrière le jardin dépendant de cette maison, et derrière l'église, est un terrain inculte et fort escarpé, dit *cimetière des muets*, contenant environ 3 hommées... »

au moment où elle fut vendue, comme bien national, pour être démolie bientôt après. Elle se composait alors d'une nef principale, divisée en deux travées; d'une abside, formée d'une travée carrée et d'une autre travée terminée par une muraille pentagonale; des deux branches du transept, et de six chapelles[1], de dimensions inégales et d'architecture disparate. Cependant, et grâce à son heureuse position sur un des points les plus escarpés de la côte de Bouxières, ce massif de constructions, que surmontait toujours la flèche du XIIIe siècle, ne manquait pas d'un certain caractère à la fois religieux et pittoresque, autant du moins que l'on peut en juger en considérant une vue de Bouxières exécutée, vers la fin du siècle dernier, par le peintre Claudot[2].

La partie pentagonale de l'abside était éclairée par cinq de ces baies ogivales, hautes et étroites, que les archéologues désignent sous le nom de *lancettes;* plusieurs autres baies, quelques-unes fort étroites et les autres très-larges, étaient percées dans les différents pignons. Enfin, on pénétrait dans l'église par quatre portes, sans parler de celle qui donnait issue dans la sacristie. Les deux portes menant au logement du sacristain et à un vaste bâtiment situé au nord de l'église, étaient insignifiantes; mais les deux autres auraient mérité une description détaillée, si les ravages du temps, ou plutôt du vandalisme, les avaient respectées. Comme l'édifice était régulièrement orienté, l'entrée principale aurait dû être ménagée au milieu du pignon occidental; mais l'escarpement général du terrain n'avait pas

1. Dont une servait de sacristie.

2. Elle appartient maintenant à M. Riston, capitaine d'artillerie en retraite à Bouxières.

permis de pratiquer une porte dans ce pignon, parce que, pour arriver à la hauteur du pavé de la nef, il aurait fallu établir sur la terrasse, dite du Beauregard, qui règne devant l'église, un perron par lequel la circulation aurait été interrompue; l'architecte avait donc percé une simple baie ogivale dans le pignon occidental, et les religieuses avaient établi leur chœur particulier dans la première travée de la nef. Elles arrivaient dans l'église par la porte romane que nous avons rappelée ci-dessus, et où aboutissait un immense escalier s'élevant vers la place environnée par la demeure des religieuses et plus tard par les maisons des chanoinesses. Une autre porte assez large, aujourd'hui murée comme la précédente, communiquait avec le cloître, qui était, selon l'usage, construit sur le flanc septentrional de l'église, et formait un parallélogramme un peu allongé, dans le milieu duquel on avait creusé une belle citerne, qui existe encore. Le cloître, partagé entre différents propriétaires, est entièrement défiguré; mais les souvenirs de quelques vieillards se réunissent pour établir qu'il n'avait pas été reconstruit au XIIIe siècle, et qu'il était couvert d'un simple plafond, dont les poutrelles étaient soutenues par des colonnettes romanes, vraisemblablement du XIe siècle. Ses dimensions étaient peu considérables (20 mètres de longueur sur 14 de largeur), et l'église elle-même, avec toutes les additions qu'elle avait reçues, n'avait que 25 mètres de longueur et 21 mètres de largeur.

Un escalier, supprimé par l'acquéreur de l'église, conduisait autrefois à une chapelle souterraine, espèce de crypte du travail le plus grossier, mais dans laquelle avaient d'abord reposé les restes de saint Gauzlin. On n'y parvient plus maintenant, et ce n'est pas sans difficulté, qu'après avoir traversé la cave voisine; et il serait bien à désirer que l'autorité ecclésiastique pût réaliser un projet formé par diverses personnes : acquérir la crypte dont il s'agit ; l'isoler complétement et lui procurer une issue nouvelle sur la terrasse du Beauregard, qui est classée au nombre des chemins publics.

On vient de voir, par la description précédente[1], que l'église de Bouxières renfermait six chapelles, dont une servait de sacristie; sous les vocables de quels saints avaient-elles érigées? c'est ce qu'il est impossible d'indiquer, au moins pour la plupart, car les documents anciens confondent les chapelles proprement dites avec les simples fondations faites à des autels. Ainsi, d'après le Pouillé du diocèse de Toul, il y aurait eu, dans l'église de l'abbaye : la chapelle Sainte-Barbe; collateurs : l'abbesse et le chapitre ;

La chapelle de Notre-Dame; collatrice : l'abbesse ;

La chapelle de Saint-Sébastien; collateur : le chapitre ;

La chapelle du Saint-Sacrement; collateur : le chapitre ;

Les chapelles de Saint-Nicolas et de Sainte-Barbe, qui étaient deux chapelles unies; collatrices : l'abbesse et les dames ;

La chapelle de Saint-Jean-l'Evangéliste; collateurs : MM. de Lénoncourt ;

La chapelle de Saint-Pierre et celle de Saint-Gauzlin, unies aux deux canonicats le 17 janvier 1609.

Je compléterai ces indications sommaires par les notes, malheureusement bien succinctes aussi, que j'ai pu recueillir.

En 1500, Béatrix de Lucy fait une fondation pour avoir tous les jours, devant l'autel Notre-Dame, après heure de

1. C'est M. Aug. Digot qui a bien voulu la rédiger pour moi.

Complies, un *Salve Regina,* le verselet et la collecte selon le temps. — En 1618, Mme du Hautoy donne, pour la fondation de la chapelle Notre-Dame, un gagnage situé à Aingeray et d'autres immeubles d'un rapport de 250 livres, à charge d'acquitter à perpétuité cinquante-trois messes basses. — En 1623, Mme du Châtelet fonde six messes basses à dire à la chapelle Notre-Dame. — En 1668, Catherine de Cicon donne à la même chapelle un calice avec sa patène, un bassin et des burettes d'argent, outre un ornement et une rente de dix francs.

Le 2 novembre 1349, Isabelle de Ruppes fonde la chapelle Saint-Nicolas, unie à la prébende dite de Saint-Gauzlin, à charge d'acquitter trois messes basses par semaine, et lui donne un gagnage situé à Flavigny. — Antoinette de Pfaffenhoffen, trésorière en 1509, fit reconstruire cette chapelle, laquelle avait une destination particulière, ainsi que l'indique la note suivante, placée à la fin d'un Inventaire des titres de l'abbaye, rédigé en 1605 : « Toutes lesquelles lettres et tiltres cy devant.... sont esté remises ès layettes pour ce faictes....., et icelles layettes et tiltres y contenus remis et enclos dans un gros coffre de chesne qui est présentement en la chapelle Monsieur sainct Nicolas, en ladicte église Nostre-Dame dudit Bouxières ; duquel coffre les révérendes dames Anne de Chahanay et Mme Jacqueline de Scrocourt, comme les deux plus anciennes du chapitre, ont chacune une clef... »

En 1449, Jean de Lénoncourt donne 4 francs par an et 12 francs pour la fondation de deux messes par semaine à la chapelle Saint-Jean-Baptiste[1].

1. Celle, sans doute, que le Pouillé désigne sous le nom de Saint-Jean-l'Evangéliste.

Enfin, en 1668, Catherine de Cicon fait une donation pour une messe à acquitter à l'autel Saint-Gauzlin.

D'autres pièces font mention de plusieurs autels ou chapelles dont le Pouillé ne parle pas : « En 1491, porte un nécrologe de Bouxières, mourut Isabelle de Ludres, jadis abbesse, laquelle fit faire l'autel du cloître. » — « 1591. Obiit damoiselle Christine de Gournay, laquelle a donné 200 francs pour réédifier la chapelle Sainte-Croix. » — Par son testament, daté de l'année 1553, l'abbesse Anne de Jussy avait fait don à la chapelle Sainte-Marguerite, déjà fondée et unie à la prébende dite Saint-Pierre, d'un capital de 6,000 francs barrois, à charge d'acquitter deux messes basses par semaine. Marguerite de Custine fit également une donation à cette chapelle.

Je n'ai trouvé aucun document relatif à la chapelle souterraine que les religieuses avaient fait construire pour y déposer le corps de leur saint fondateur.

Il y avait, dans l'église de l'abbaye, deux confréries : celle du Rosaire, instituée en 1605, et celle du Saint-Sacrement de l'autel érigée, en 1613, par bulles du pape Paul V. Elles furent supprimées en vertu du décret de translation, et leurs biens unis à la mense commune du chapitre.

Cette translation fut le motif d'une des dernières cérémonies[1] qui aient eu lieu dans l'église de Bouxières. Le 22

1. Quelques cérémonies particulières s'observaient dans cette église, à certains jours : tous les premiers dimanches du mois et aux fêtes de la Présentation, de l'Annonciation, de l'Assomption, de la Nativité et de la Conception de la Sainte-Vierge, on célébrait une messe basse du Rosaire.

Le 16 septembre de chaque année, il se faisait un service solennel suivi des obsèques.

Le jour du Jeudi-Saint, les dames du chapitre distribuaient à tous

juin 1786, l'archevêque de Toulouse était venu recevoir les remercîments de l'abbesse et du chapitre pour « la ma-

les paroissiens de Bouxières des petits pains qu'elles faisaient bénir et qu'on appelait les pains de Saint-Gauzlin. Le même jour avait lieu le lavement des pieds. On choisissait les douze plus pauvres enfants du village, lesquels étaient patronés par douze des personnes les plus aisées, et ils étaient présentés par leurs parents à l'église de l'abbaye. L'abbesse, accompagnée de la doyenne et de la secrète, lavait les pieds à ces enfants et les leur baisait. Chaque mère recevait des chanoinesses une pièce de 30 sous et une miche de pain de la même valeur.

La veille et le jour de la Sainte-Trinité, les trois derniers mariés de la paroisse se présentaient au chapitre, où ils étaient hébergés ; ils étaient chargés, pendant ces deux jours, de faire baiser aux pèlerins, qui venaient en foule à Bouxières, les reliques de saint Gauzlin et celles des autres saints, qui étaient exposées dans l'église à la vénération des fidèles.

Le jour de la Fête-Dieu, le curé de Bouxières portait processionnellement le Saint-Sacrement jusqu'à l'entrée de l'enceinte de l'abbaye, qu'il ne devait pas franchir ; il le déposait sur une pierre où un des chanoines, accompagné du chapitre, venait le prendre pour le porter dans l'église, arrangée à cet effet en façon de reposoir ; il donnait la bénédiction, puis allait reposer le Saint-Sacrement à l'endroit où il l'avait pris. L'origine de cet usage est inconnue. Quant à la pierre dont il vient d'être parlé, elle existe encore, scellée dans le mur de la cour d'une maison, au haut du village ; elle porte cette inscription :

> ARRÊTE ICY, PASSANT, ET FAIT LA RÉVÉRENCE ;
> EN CE LIEV, TOVS LES ANS, REPOSE TON SEIGNEVR,
> SOVBZ UN VOILE DE PAIN RECÉLANT SA GRANDEUR,
> POVR TE RASSASIER DE SA PROPRE SVBSTANCE.

Une autre inscription, destinée à rappeler le même usage, se lit sur une pierre encastrée dans le mur extérieur de la chapelle Saint-Antoine, également au haut du village ; elle est ainsi conçue :

> FIACRE MAREY ET SIMONETTE SA FEM[M]E ONT FAICT CEST CHAPELLE POUR POSER LE CORPUS D^{NI} LE JOUR DE LA FESTE DIEU EN CHANTANT O SALUTARIS HOSTIA, PRIANT DIEU POUR LEURS AMES PARENTS ICY VIVANTS ET TRÉPASSÉS. REQUIESCANT IN PACE. AMEN. 1582. I. M. I.

nière » dont il s'était acquitté de sa mission. Le 24 septembre suivant, sur les onze heures du matin, il se rendit de nouveau à Bouxières, en sa qualité de commissaire apostolique, accompagné de M. de Fontalard, chanoine et vicaire général de Nancy, pour faire la visite « au spirituel » du chapitre.

L'abbesse, la doyenne et les chanoinesses, en habits de chœur[1] et précédées par les chanoines et le clergé inférieur, vinrent processionnellement à la maison abbatiale prendre l'archevêque, en rochet, camail et étole, et le conduisirent à l'église sous un dais; arrivé à la porte, il prit l'eau bénite qui lui fut présentée par le chanoine de semaine, en fit l'aspersion, reçut du même chanoine les encensements ordinaires, après quoi il alla se mettre à genoux sur les marches du maître autel, d'où il entonna le *Veni Creator,* qui fut continué par les dames. A la fin de l'hymne, l'archevêque chanta le verset et la collecte, ensuite s'agenouilla sur un prie-Dieu dressé à cet effet dans le sanctuaire, du côté de l'Epitre, d'où il entendit la messe du Saint-Esprit, célébrée par le chanoine de semaine, et, la messe finie, donna la bénédiction pontificale.

Les chants durent tristement retentir sous les voûtes de la vieille église qui allait être bientôt abandonnée, pour, bientôt après, complétement disparaître.

---

1. L'habit de chœur était un manteau noir doublé d'hermine, à queue trainante de deux à trois aunes.

IV.

INVENTAIRES DU TRÉSOR DE L'ABBAYE. — RELIQUES DE SAINT GAUZLIN. — OBJETS PROVENANT DE L'ABBAYE.

Comme toutes les églises qui étaient en grande vénération et le but de pieux pèlerinages, celle de l'abbaye de Bouxières avait un riche trésor provenant, soit des offrandes des pèlerins, soit des dons faits par les personnes qui désiraient y avoir leur sépulture, soit enfin des présents des chanoinesses elles-mêmes[1]. Elle possédait, en outre, et

1. Les nécrologes de l'abbaye contiennent plusieurs notes mentionnant des dons de cette nature; voici les plus intéressantes :

« Obiit Jeanne d'Aboncourt, laquelle a donné une image de Notre-Dame pesant un marc, plus encore un gobelet d'argent à trois pieds, pesant dix onces. »

« 1410. Obiit dame Catherine d'Aboncourt, laquelle fonda les services de la Visitation et Présentation Notre-Dame et aussi de sainte Anne et fit faire la table du grand autel et la sépulture du cloître, deux aguires d'argent à Sainte-Croix dix francs et à saint Joillain (Gauzlin) autant. »

« 1458. Obiit dame Agnès, abbesse de céans, qui a donné dix vieux florins d'or et vingt florins pour le chapitre et douze francs sur un goubelet d'argent et une aguire pour servir à l'autel et un agneaux bénit. »

« Obiit seigneur Nicolas de Paffenhoffen, lequel a donné une robe de velou noir, de laquelle l'on a fait deux tuniques pour servir à l'église, pour estre participant aux prières de ladicte église. »

« Obiit feu honoré seigneur Antoine de Chabanay, lequel trespassa le 15 octobre 1560, et damoyselle Alionore de Dommartin, sa femme, lesquels ont donné en l'église de céans 80 francs que sont esté employés à une chasuble et deux amiques de satin de Burgos blanc pour servir aux festes de Nostre-Dame, et six cierges pesant chacun quatre livres pour servir au bon jour sur le grand autel, pour prier Dieu pour eux. »

c'était sa principale richesse, beaucoup de reliques précieuses, objet de la dévotion publique, et à quelques-unes desquelles elle devait une partie de son illustration.

Le plus ancien document que l'on possède à cet égard est la permission donnée, en 1454, aux religieuses de Bouxières, par l'archidiacre de Toul Ferry, de faire une quête pour rétablir les bâtiments de leur monastère. Dans cette quête, dit-il, on portera les reliques de saint Gauzlin et celles de tous les autres saints et saintes que possède l'abbaye, savoir :

La châsse de saint Gauzlin et l'un de ses bras dans un reliquaire particulier;

De la barbe de saint Pierre;

Une relique de saint André;

Des os de saint Sixte, martyr; de saint Paterne et de saint Martin;

Du manteau de saint Georges;

De l'habit de saint Euchaire, de celui de saint-Epvre et de saint Nicaise, évêque; de sainte Eutropie, sa sœur;

Du sang de sainte Cécile;

Du corps et de l'habit de saint Elme et de saint Etienne;

De la chaussure de saint Paul;

Des os de saint Adelphe;

De la poussière du saint sépulcre;

Des cheveux de saint Denis et de sa chemise;

De la côte de saint Clément;

De l'arbre qui était dans le paradis terrestre;

« 1597. Obiit damoiselle Catherine Flammande, laquelle ayant demeuré l'espace de deux ans en la maison de l'abbesse de Bouxières et vivant de l'usufruit et rente de l'église, auroit donné un ornement d'autel, sçavoir : chasuble, deux tuniques, ciel, pante, devant d'autel, robe pour l'image de la vierge Marie. »

Des reliques de saint Benoît et de saint Jacques;

Des os de saint Sébastien;

Un caillou de la lapidation de saint Etienne[1].

Un inventaire dressé en 1585 mentionne les objets suivants comme faisant partie du trésor de Bouxières :

Un chef d'argent de saint Gauzlin.

Une petite croix d'argent.

Deux branches de corail.

Un agnus de soye qui est au col du chef.

Une châsse d'argent de saint Gauzlin.

Un calice d'or et quatre d'argent.

Le livre de saint Gauzlin qui fut trouvé sur l'autel.

Un bras d'argent de saint Gauzlin, son peigne.

Une petite croix d'argent où il y a de la vraie croix.

Un reliquaire d'argent où il y a deux anges qui soutiennent un caillou de saint Etienne.

Un reliquaire d'argent propre pour mettre la sainte onction.

Un reliquaire d'argent contenant du lait de la Sainte-Vierge.

Deux autres reliquaires d'argent.

Une grande croix d'argent qui est dans une custode de cuir bouilli.

Une Vierge et un saint Pierre d'argent.

Un encensoir.

Une couronne d'argent garnie de perles, appelée le chapeau de saint Jollain.

Un reliquaire d'argent qui contient des ossements de saint Euchaire.

Le drap d'autel appelé le palle saint Gauzlin.

1. Sommier de Bouxières, à la Bibliothèque publique de Nancy.

Deux carreaux de cuir doré.

Deux autres carreaux, un de velours cramoisi, l'autre de soie cramoisie rayé d'or.

Un petit coffre d'or contenant de petites besognes du trésor.

Onze chasubles avec leurs tuniques de différents ordres et valeur.

Six robes pour la Sainte-Vierge.

Des rideaux de taffetas violet.

Un devant d'autel.

Une Nonciade de broderie et les pans de même.

Deux coffres où sont les titres et papiers.

Le 8 mars 1662, il fut rédigé un inventaire qui ne nous est malheureusement connu que par une note consignée, de la manière suivante, dans le Sommier des titres de Bouxières : « Inventaire des reliques et ornements, beaucoup plus étendu que celui de 1585. On y trouve les mêmes reliques que dans le premier, mais l'argenterie y est beaucoup plus abondante en chandeliers, burettes, bassins, calices, ciboires, etc.; en chasubles, tuniques, chappes, devant d'autel, robes de la Vierge, pavillons, linges, peintures, etc. »

En 1683, pour des motifs qui ne sont pas indiqués, les dames de Bouxières mirent en dépôt chez les religieuses de Sainte-Elisabeth de Nancy une partie des reliques et de l'argenterie de leur église, comprenant :

Le chef de saint Gauzlin, son bras, son peigne, le pied d'argent, le livre du saint, le calice d'or et la patène d'argent.

Le voile du calice de saint Gauzlin.

Une croix d'argent où il y a de la vraie croix.

Un caillou de saint Etienne.

Un reliquaire d'argent contenant une dent de saint Mansuy.

Le reliquaire de saint Euchaire.

Le reliquaire du lait de la Sainte-Vierge.

Un soleil de vermeil.

Deux croix d'argent.

Six chandeliers d'argent.

Deux calices d'argent avec leurs patènes.

Un encensoir d'argent.

Une lampe d'argent.

Une couronne d'argent pour la Sainte-Vierge, son sceptre et celui du petit Jésus.

Une Vierge d'argent.

Une navicule d'argent.

Au mois de septembre 1743, les chanoinesses, effrayées « du mouvement continuel des guerres et des troupes qui couraient parmi le pays, » prirent une délibération pour déterminer sur les précautions à prendre afin de mettre en sûreté leurs reliques, vases sacrés, argenterie et autres ornements les plus précieux. Il fut résolu qu'on accepterait l'offre faite par les dames de la Visitation de se charger de ce que le chapitre jugerait à propos de conduire dans leur couvent, et que les objets d'une moindre valeur seraient remis en d'autres mains.

Le lendemain (6 septembre), trois des dames, déléguées par le chapitre, se rendirent à la Visitation et déposèrent chez les religieuses les objets ci-après, dont l'inventaire se trouve consigné dans le registre des délibérations capitulaires :

« Le chef de saint Gauzelin en buste, moitié vermeil, garni d'anciennes pierreries, aiant une croix d'or bordée d'azure, avec deux perles et un reliquaire brodé d'or, avec un nom de Jésus, pendus au col;

» La châsse de saint Gauzelin, contenante ses ossements, suivant les procès verbaulx qui y sont inclus; ladite châsse en façon de bois d'ébène, ornée de quatre figures d'argent en relief avec différents attributs et bordures aussy en relief;

» Le bras de saint Gauzelin d'argent, armorié des armes de Beauveaux et Ligniville[1];

» Le peigne de saint Gauzelin, qui restera à la sacristie;

» Un reliquaire, moitié vermeil et argent, en forme de soleil oval, dans lequel il y a un morceau du bras de saint Gauzelin;

» Un autre reliquaire semblable dans lequel il y a une petite croix de cristal renfermant un morceau de la vraye croix, dont l'autentique est dans un petit coffre d'escaille de torteüe, où est aussy le voil du calice de saint Gauzelin;

» Une petite châsse de cristal dans laquelle sont quatre dents de saint Gauzelin, qui est pour rester à la sacristie;

» Le calice d'or de ducat de saint Gauzelin, avec la pa-

1. On trouve, dans les nécrologes de Bouxières, les notes suivantes relatives, soit à ce reliquaire, soit à la châsse de saint Gauzelin :

« .... Obiit dame Jeannette de Parroy et messire Jean de Lignéville, son mari, qui ont donné pour leurs anniversaires le bras S. Joillan, qui est d'argent, pesant deux marcs, une noire chasuble et un drap blanc. »

« 1550. Obiit dame Jacotte [ou Jacquette, de Haraucourt], trésorière de céans, laquelle a donné 12 fr. pour réfectionner la châsse S. Joulain. »

« 1558. Mourut Claude de Haraucourt, laquelle a donné un gobelet d'argent pour réfectionner la châsse S. Joilan. »

« 158.. Obiit dame Yoland d'Aboncourt, dame en ladite église, laquelle a donné 80 fr. pour une fois. Item encor 20 fr. pour faire une image de la châsse S. Joillan. Item 15 gros de cens pour fournir l'huile de la lampe qui brûle au milieu du chœur. »

taine d'argent, doublée d'or, garnie d'anciennes pierreries;

» Le livre de saint Gauzelin, contenant les quatre Esvangiles, garny d'une couverture d'argent doré, avec différentes pierreries;

» Un petit coffre d'escaille de torteüe où est le voisle du calice de saint Gauzelin;

» Une petite croix d'argent où il y a du bois de la vraye croix;

» Un reliquaire où il y a une dent de saint Mansuy;

» Un reliquaire de saint Euchaire, d'argent;

» Un reliquaire du cailloux de saint Estienne;

» Un reliquaire d'argent vermeil sur lequel il y a les armes de Ludre;

» Une bourse dans laquelle il y a quantité de reliques;

» Cinq calices avec leurs pataines, sçavoir : un de vermeil, un d'argent, de la même grandeur, et trois autres plus petits, dont les trois derniers sont restés à la sacristie;

» Un soleil d'argent, orné de pierreries, de la hauteur de deux pieds et demy;

» Un ciboire de vermeil;

» Un second d'argent, qui est resté dans le tabernacle;

» Une boette d'argent à mettre les saintes huilles;

» Une Notre-Dame d'argent avec un pied de bois d'ébène;

» Une paire de burrettes d'argent avec le bassin;

» L'encensoir d'argent avec la navette;

» Six chandeliers d'argent massifs avec la croix, de même ouvrage;

» Une paire de flambeaux d'argent armoiriés des armes de Trestondam;

» Un coupillon d'argent;

» Deux baubèches d'argent armoiriées des armes de Deltz;

» Une lampe d'argent;

» Deux brats à placque d'argent, relevés en relief ;

» Une chaufrette d'argent armoiriée des armes de Trestondam ;

» Une croix d'argent pour aller en procession ;

» Une couronne de vermeil, pour la Sainte-Vierge, avec un septre;

» Une couronne, aussy de vermeil, pour le petit Jésus ;

» Une couronne d'argent, aussy pour la Sainte-Vierge, avec une pour le petit Jésus, avec un septre; lesquelles deux dernières couronnes, avec le septre, sont restées en place;

» Un cœur d'or entre les bras du petit Jésus, pour y rester également;

» Un vase de vermeil pour faire le lavement des pieds aux apôtres, le jour de la Cène;

» La crosse abbatiale d'argent vermeil, armoiriée des armes de du Hautoy.

» S'ensuit l'état des ornements les plus précieux qui seront aussy transportés, sçavoir :

» Une chasuble, deux tunicques, manipulles, étolles ; une chappe avec deux devant d'autels, le tout à bandes de moire d'or et d'argent, brodées;

» Un second ornement complet comme celuy cy-dessus, de moire d'argent, avec des gallons d'or, et deux devant d'autels semblables. »

Ces objets furent enfermés dans deux armoires, en une chapelle du dortoir, sous trois clés, sur les serrures desquelles le sceau du chapitre et celui de la Visitation furent apposés en présence de messire de Tervenus, curé de Saint-Roch, supérieur de la maison, de M. L'huillier, aumônier et confesseur ordinaire des religieuses; de MM. Duchesne et Gallois, chanoines de Bouxières; des dames déléguées, et de Pierre-Nicolas Lemire, prévôt et receveur du chapitre.

Il paraît qu'au mois d'août de l'année suivante, les chanoinesses elles-mêmes cherchèrent un refuge à Nancy, sur la nouvelle du passage de la Sarre par les troupes du baron de Mentzel[1].

Au commencement de 1745 (8 janvier), on rapporta à Bouxières quelques-uns des objets déposés chez les dames de la Visitation, notamment le soleil avec la couronne, un calice d'argent avec sa patène, un ciboire de vermeil avec son voile et le bras de saint Gauzlin. Le 27 juillet 1747, on y rapporta encore une caisse où étaient des ornements d'église, avec un ballot contenant des devant-d'autel[2].

Mais ce fut seulement l'année suivante que les dames de Bouxières crurent pouvoir, sans danger, réintégrer dans le trésor de leur église les reliques et les effets mentionnés dans l'inventaire de 1743. Cette translation eut lieu, le 24 août 1748, et l'on en dressa un procès-verbal qui fut consigné dans le registre des délibérations[3].

L'inventaire que je viens de rappeler fait voir quelles richesses en tout genre possédait l'église de Bouxières; aussi était-ce une proie dont la spoliation révolutionnaire devait être avide de s'emparer; mais son attente fut déçue : lorsqu'éclata la tempête, des mains hardies avaient déjà

1. M. Digot signale ce fait d'après Durival, lequel dit que les chanoinesses emportèrent avec elles la châsse de saint Gauzlin. On vient de voir que ce transport avait eu lieu l'année précédente.

2. Sommier de Bouxières.

3. V. pièce justificative XIII.

mis à l'abri du pillage les objets les plus précieux. On peut s'en convaincre en jetant les yeux sur le procès-verbal, dressé, le 27 juillet 1790, par les commissaires chargés de recueillir les dépouilles des églises et des maisons religieuses; voici tout ce que mentionne ce procès-verbal, comme ayant été trouvé à Bon-Secours :

Argenterie.

Deux calices d'argent avec leur patène.
Un ciboire pour la communion.
Un petit pour les saintes huiles.
Un ostensoir.
Six chandeliers d'autel.
Un crucifix.
Une lampe.
Deux burettes avec le plat.
Un encensoir, la navicule et la cuillère.

Ornements.

Un ornement complet de moire d'or et d'argent, composé d'une chasuble, deux tuniques, une écharpe, étole, manipule, voile de calice et bourse.

Un autre complet de moire d'argent à dentelle d'or, composé d'une chasuble, deux tuniques, une chappe, une écharpe, étole, manipule et bourse.

Un autre complet de damas blanc avec orfroi couleur de cerise, garni d'un système d'or, composé d'une chasuble, deux tuniques, chappe, étole, manipule, voile de calice et bourse.

Un autre complet de damas rouge garni d'un système d'or...

Un autre complet de damas violet garni d'un système en argent...

Un autre complet de velours noir avec une garniture de soie blanche...

Une chasuble de damas gros bleu et autres couleurs, ornée en soie, avec une étole, manipule, voile et bourse.

Une chasuble de velours violet ciselée, garnie en soie, avec étole, manipule, voile et bourse.

Une chasuble de damas blanc bordé en laine, avec étole, manipule, voile et bourse.

Une chasuble de damas verd bordée en laine, avec étole, manipule, voile et bourse.

Une chasuble de damas violet bordée en laine, avec étole, manipule, voile et bourse.

Une chasuble de damas rouge bordée en laine, avec étole, manipule, voile et bourse.

Une chasuble de camelot blanc ornée d'un galon de soie jaune, avec le voile et la bourse.

Une chasuble de satin rouge à croix de laine et galons de fil.

Une chasuble violette de camelot à galons de fil.

Une chasuble verte de camelot, aussi à galons de fil.

Cuivre.

Deux chandeliers pour les acolytes.

Un bénitier.

Livres d'église.

Deux missels.

Deux autres pour les messes de mort.

Cet inventaire ne comprend, on le voit, aucun ornement en or, aucun reliquaire, rien d'intéressant sous le rapport de la richesse ou de l'art.

Les effets restés à Bouxières, et qui furent inventoriés le

30 juillet de la même année 1790, n'avaient non plus rien de remarquable, et je crois pouvoir me dispenser d'en donner la nomenclature.

En 1791, des récolements des inventaires dont il vient d'être parlé, constatèrent l'enlèvement par l'abbé Raybois, prévôt du chapitre, des deux missels indiqués plus haut. Cet ecclésiastique s'était rendu coupable, comme on le verra, de bien d'autres pieuses soustractions.

Les objets trouvés, soit à Bon-Secours, soit à Bouxières, eurent le même sort que les dépouilles des églises et des monastères, c'est-à-dire qu'ils furent vendus à l'encan ou portés à la Monnaie pour être fondus. Quelques-uns cependant furent donnés à des paroisses : celle de Saint-Epvre, de Nancy, eut un ciboire en vermeil pesant 3 marcs 4 onces; la paroisse Saint-Nicolas, de la même ville, un encensoir en argent, la navette et la cuillère, pesant 3 marcs 7 onces 4 gros; enfin, la municipalité de Chaligny reçut un ostensoir en argent pesant 4 marcs 4 onces 4 gros.

La Nation ne se contenta pas de s'approprier les ornements et objets servant au culte, elle fit encore main-basse sur les meubles, marbres et boiseries qui décoraient l'église de Bouxières, et, le 2 septembre 1792, on vendit aux enchères :

Une armoire à quatre volets formant bibliothèque .... 41 livres.
La carcasse des orgues .... 441 l.
Un grand buffet servant aux ornements.. 231 l.
Une *ci-devant* chaire à prêcher .... 171 l. 10 s.
Les stalles du chœur et une petite balustrade en bois .... 701 l.
Un petit autel en marbre, ses pierres et marches, les marbres cassés. .... 94 l. 10 s.

Des marbres noirs ayant servi d'épitaphes. 195 l.
Une pierre dans un caveau............. 9 l. 15 s.
Une bibliothèque à quatre volets........ 48 l.

Ainsi disparurent les inscriptions tumulaires qui rappelaient les noms des personnes inhumées dans l'église de Bouxières; ainsi disparut du caveau où les religieuses l'avaient fait placer, le tombeau destiné à recevoir le corps de saint Gauzlin.

Un procès-verbal dressé, le 14 août 1793, constate que le District avait fait enlever précédemment et transporter dans la maison d'Administration, à Nancy, les quatre cloches de l'église de Bouxières, l'horloge, le tableau de saint Gauzlin[1], la Vierge, un calice avec sa patène et plusieurs autres objets sans valeur.

Les cloches de Bouxières, sans être anciennes, offraient cependant un certain intérêt historique qui doit faire regretter leur destruction. Trois d'entre elles avaient été bénites, avec beaucoup de solennité, le 24 octobre 1707, par M. Blouet de Camilly, évêque et comte de Toul, prince du Saint-Empire, accompagné de messire Joseph-François de Nay du Plateau, grand doyen de la Primatiale de Lorraine, conseiller d'Etat du duc Léopold et en sa Cour Souveraine; des sieurs Bouillon, chanoine de la cathédrale de Toul; Le Clerc, curé de Sainte-Geneviève de la même ville, et du P. Vincent, chanoine régulier et supérieur du séminaire de Verdun.

La grosse cloche avait eu pour parrain et marraine le duc Léopold et la duchesse Elisabeth-Charlotte d'Orléans, sa femme, qui s'étaient fait représenter à la cérémonie par

1. C'est peut-être le tableau dont j'ai parlé en commençant, et qui se trouve dans l'église de Bouxières.

le comte de Curel et Mlle du Hautoy, fille d'honneur de la duchesse.

Les parrain et marraine de la seconde avaient été le prince royal Louis et la princesse Elisabeth-Charlotte, abbesse de Remiremont, sa sœur, représentés par le marquis de Lunati-Visconti, colonel de la garde suisse de Léopold, et Mlle de Choiseul-d'Iche, fille d'honneur de la duchesse.

Enfin, la troisième avait eu pour parrain et marraine le prince Camille de Lorraine-Armagnac et la princesse Anne de Lorraine-Elbeuf, épouse du prince de Vaudémont, représentés par le chevalier de Lozandières, chambellan de Léopold, et Mme Anne Simianne, comtesse de Moncha, abbesse de Bouxières.

Cette dernière cloche fut refondue et elle fut bénite le 25 juin 1752[1], ainsi qu'une quatrième, et elles eurent pour parrains et marraines le comte d'Hunolstein, seigneur de Château-Voué, et Mme Reine-Madelaine d'Eltz d'Ottange, doyenne du chapitre; le baron d'Eltz, seigneur d'Ottange, grand écolâtre de la cathédrale de Spire, abbé de Saint-Vincent de Metz, et l'abbesse de Bouxières, Mme Anne-Marie baronne d'Eltz d'Ottange.

Si intéressants qu'ils fussent, ces objets n'étaient rien auprès de ceux dont le chapitre de Bouxières devait avoir eu à redouter la perte. Qu'étaient devenues, en effet, au milieu des événements, les reliques qui attiraient autrefois dans ce lieu un si grand concours de pèlerins? qu'étaient devenues surtout celles du saint fondateur de l'abbaye, son calice, sa patène, le voile dont il s'était servi, dit-on, le

1. Par M. de Donnery, grand doyen de la cathédrale de Toul, abbé de Muraux, délégué à cet effet par l'évêque

jour de la consécration de son église, et qu'à la prière des religieuses, il avait bien voulu leur abandonner?

Gauzlin mourut, ainsi que je l'ai dit, le 7 des ides de septembre 972, la quarante-quatrième année de son ordination, et son corps fut porté à l'abbaye de Bouxières, qu'il avait choisie, de son vivant, pour le lieu de sa sépulture. On y porta aussi son peigne et un magnifique évangéliaire qui avait été à son usage. Les religieuses placèrent son tombeau dans une chapelle souterraine qui existe encore aujourd'hui; quant à sa dépouille mortelle, elle fut mise dans une châsse très-riche et resta exposée à la vénération des fidèles.

Vidric rapporte, à ce sujet, que des impies s'efforçant de détourner le peuple du culte qu'on s'empressa de rendre à saint Gauzlin peu de temps après sa mort, en semant de mauvais bruits contre sa réputation, saint Gérard, qui lui avait succédé sur le siége épiscopal de Toul, s'adressa à Dieu pour le prier de lui faire connaître à quel degré de gloire son prédécesseur était élevé dans le ciel. Ayant passé trois jours dans les prières, le jeûne et les larmes, Dieu lui fit voir, durant son oraison, et sans doute pendant l'extase, que Gauzlin était égal en gloire à saint Apollinaire, évêque de Ravenne[1].

En 1436, Guillaume Fillâtre, évêque de Toul, en présence d'un grand nombre de prélats, de chanoines, de seigneurs et de peuple, tira du cercueil ou de la châsse de bois qui contenait les reliques de saint Gauzlin, le chef de ce prélat et le déposa dans un reliquaire d'argent en forme de tête (*ad modum capitis*), se réservant, du consentement

1. Benoît Picart, *Histoire de Toul*, p. 307 et 308.

de l'abbesse et des religieuses, la mâchoire inférieure, qu'il donna aux chanoines de la cathédrale de Toul, lesquels l'enfermèrent dans un reliquaire d'or et d'argent, pour être conservée au trésor des reliques et exposée à la vénération du peuple[1].

Au XVIIe siècle, la châsse en bois qui contenait le corps de saint Gauzlin fut remplacée par une châsse « belle et magnifique, » que l'abbesse Anne-Catherine de Cicon fit faire à ses frais.

En 1635, les chanoinesses, « pour éviter la fureur de l'armée des Suédois, Hongrois et autres troupes qui pillaient les églises et portaient la désolation dernière dans toute la province, » se virent contraintes d'abandonner leur demeure et de chercher un refuge derrière les murs de la capitale. Elles emportèrent avec elles et confièrent aux religieuses de Saint-François-d'Assise ou Sœurs-Grises de Nancy les reliques de leur saint fondateur. Ce précieux dépôt fut placé dans une chambre de ce monastère, « en une armoire fermée de bons ventillons et serrure, » dont la clé fut remise à la trésorière du chapitre, Jeanne de Montbéliard, de tout quoi on dressa procès-verbal en forme.

En 1659, les chanoinesses se trouvant rétablies dans leurs église et maisons de Bouxières, délibérèrent[2] d'y rapporter les reliques dont elles étaient séparées depuis dix-

1. Papiers de la Cathédrale de Toul, aux Archives du département. Le Sommier de Bouxières indique, comme existant parmi les papiers de Bouxières, un document qui en a malheureusement disparu; c'est le « procès-verbal de la cérémonie de la translation (10 avril 1456 : lisez 1436) de la tête de saint Gauzlin et de quelques autres parties de son corps d'une châsse de bois dans une châsse d'argent en forme de buste. »

2. V. pièce justificative XIV.

neuf ans. A cet effet, deux d'entre elles furent déléguées pour aller réclamer aux Sœurs-Grises le dépôt qui leur avait été confié. Après avoir constaté, par un acte authentique, que ce dépôt avait été soigneusement gardé, elles le reçurent des mains de la supérieure, et la translation s'en fit solennellement, le huitième jour d'octobre.

Les déléguées du chapitre vinrent en carrosse jusqu'au pont de Bouxières, accompagnées du curé de Saint-Sébastien de Nancy et d'un prêtre habitué de cette paroisse. L'abbesse les y attendait, suivie de toutes les dames capitulantes et nièces, des deux chanoines de l'abbaye, du curé de Bouxières, des maire, maître échevin, greffier et sergent en la justice dudit lieu et du prévôt du chapitre. Les deux chanoines prirent les reliques, s'arrêtèrent d'abord dans l'église paroissiale, puis montèrent processionnellement à celle de l'abbaye, et, après les cérémonies d'usage, les posèrent dans la châsse donnée par l'abbesse et les enfermèrent ensuite dans l'armoire où elles étaient auparavant, derrière l'autel Saint-Gauzlin, « ladite armoire fermée de trois serrures, chacune avec sa clé différente, dont l'abbesse en tient une et les dames trésorières les deux autres[1]. »

En 1734, les ossements de saint Gauzlin furent tirés de la châsse donnée par Mme de Cicon et enfermés dans une châsse plus magnifique que les chanoinesses avaient fait faire et orner, provenant, tant des débris de l'ancienne que des bienfaits du chapitre et d'un don considérable de sa pieuse abbesse, Anne-Marie d'Eltz. A cette occasion, il fut dressé un inventaire de ces précieux ossements, et on trouva qu'ils se composaient de cent dix morceaux, lesquels furent replacés dans la bourse de taffetas blanc d'où

1. V. pièces justificatives XV et XVI.

ils avaient été tirés, à la réserve de quatre dents qu'on déposa dans un reliquaire particulier, ainsi que les os d'un bras et de la tête[1].

Le corps de saint Gauzlin fut apporté à Bon-Secours lors de la translation du chapitre, à la réserve d'une petite portion[2] qui fut laissée dans l'église paroissiale de Bouxières, sur la prière des habitants.

Comment et par qui, au moment de la Révolution, furent sauvées les reliques de saint Gauzlin? on ne sait rien à cet égard d'une manière positive; on raconte seulement qu'elles furent emportées à Luxembourg par la doyenne du chapitre, et que cette dame ayant été tuée pendant le siége de la ville, on les remit à M. l'abbé Raybois, chanoine de Bouxières. Cet ecclésiastique, qui avait sans doute participé à l'enlèvement de ce pieux trésor, en fit don, lors du rétablissement du culte, à la Cathédrale de Nancy, à laquelle il offrit également le calice, la patène et l'évangéliaire dont s'était servi le saint évêque.

Ces faits sont consignés dans un acte authentique[3] dont voici la traduction :

« Nous soussignés, délégués pour l'administration du » diocèse de Nancy par le Révérendissime Louis-Henri de » la Fare, notre évêque, exilé pour la cause de la foi; en

1. V. pièce justificative XVII.

2. Les quatre dents, qui sont placées dans un reliquaire fait aux frais du curé actuel, M. J.-B. Claude.

L'église de Bouxières possède, en outre, un ossement de saint Gauzlin, provenant de la Cathédrale de Nancy, et qui lui a été donné par Mgr Menjaud.

Plusieurs églises du diocèse de Nancy, notamment celles de Saint-Nicolas-de-Port et de Rosières-aux-Salines, des particuliers même, possèdent aussi des reliques de saint Gauzlin.

3. V. pièce justificative XVIII.

» vertu des pouvoirs à nous accordés, nous attestons que » nous avons reçu une grande partie des ossements de » saint Gauzlin, évêque de Toul; lesdits ossements enve- » loppés d'une pièce de soie blanche, renfermée elle- » même dans un coussin de soie rouge, cousu seulement » sur trois côtés; et que ce paquet était sain et entier. Il a » été tiré certainement d'une châsse renfermant les re- » liques sacrées de saint Gauzlin, et offerte autrefois à la » vénération des fidèles dans l'église des chanoinesses » nobles de Bouxières. Pendant la persécution soulevée » par les Jacobins contre la religion catholique et les choses » saintes; lorsque des hommes criminels ne cessaient de » proférer les plus horribles menaces contre les gens de » bien, on prit le parti, afin de ne pas exposer à la mort » la personne qui aurait recélé ces reliques, de brûler la » châsse et d'enfouir les ossements enfermés dans leur » coussin. Ils furent ainsi heureusement préservés de la » profanation, et ils ont été reconnus et examinés par nous » avec toute la diligence possible.

» C'est pourquoi, afin d'empêcher ces ossements sacrés » d'être dispersés, nous avons entouré le coussin d'une » cordelette en soie rouge, dont les extrémités ont été » fixées par nous sur les trois coutures du coussin, au » moyen du sceau du diocèse de Nancy, afin que le cous- » sin ne puisse être ouvert sans déchirer l'étoffe ou rompre » la cordelette.

» Et, en vertu des pouvoirs qui nous sont conférés, nous » permettons d'exposer ces reliques à la vénération des » fidèles, pourvu qu'elles soient enfermées dans une châsse » convenable.

» En foi de quoi, nous avons signé les présentes et y » avons apposé le sceau du diocèse.

» Fait à Nancy, le 21 septembre 1801.

» G. MOLLEVAUT, JACQUEMIN,
» *provicaire-général. provicaire-général.*
» CHARLOT,
» *provicaire-général.* »

» Nous avons vu, approuvé et permis d'exposer à la vé-
» nération des fidèles.

» Nancy, le 17 janvier 1803.

» † ANTOINE-EUSTACHE, *évêque de Nancy.* »

« Après avoir tiré du coussin rouge susdit, que nous » avons ensuite refermé, et qui contient les autres reliques » de saint Gauzlin, deux grands os de ce saint évêque, » nous les avons placés dans la présente châsse, et nous » les avons solennellement exposés à la vénération des » fidèles, le 30 août 1803 (12 fructidor an XI).

» † ANTOINE-EUSTACHE, *évêque de Nancy.*

» Par mandement de l'Illustrissime et Révérendissime
» évêque de Nancy.

» LACRETELLE, p. *Dufour.* »

« Les susdites reliques de saint Gauzlin, évêque de Toul » et fondateur du chapitre de Bouxières, ont été offertes » et données à la Cathédrale de Nancy par M. l'abbé Jo- » seph Raybois, autrefois prévôt dudit chapitre, avec le » calice, la patène et l'évangéliaire du même saint, qui sont » renfermés dans cette châsse.

» La présente châsse[1], qui contenait naguère les reliques » presque entières de saint Sigisbert, a été réparée par

1. Cette châsse, en ébène, est d'un assez beau travail; mais les ornements en argent qui la couvraient ont été enlevés. Elle est déposée dans la chapelle dite de Saint-Gauzlin, la première à main droite en entrant à la Cathédrale.

» mes soins, et on y a déposé solennellement les reliques
» de saint Gauzlin, en présence du Révérendissime An-
» toine-Eustache évêque de Nancy, du chapitre de la Ca-
» thédrale et du clergé de la ville, le 31 août 1803 (13
» fructidor an XI de la République française).

» CHARLOT, *curé de la paroisse Notre-Dame en l'église cathédrale.* »

Le calice, la patène et l'évangéliaire restèrent plus de quarante ans dans la châsse où on les avait déposés, exposés à plus d'une chance de destruction et à peu près oubliés. Ce fut seulement dans les derniers mois de l'année 1845, que la Commission des monuments religieux du diocèse de Nancy demanda et obtint que la châsse serait ouverte et qu'on les en tirerait pour les déposer, ainsi que le voile qu'on y croyait enfermé, dans le trésor de la Cathédrale. Mais, toutes les recherches faites pour découvrir ce dernier objet, demeurèrent infructueuses, et on doit supposer qu'il a été égaré ou détruit pendant la Révolution. Le peigne de saint Gauzlin, dont le procès-verbal qui précède ne fait pas mention, est resté à côté des reliques[1].

Une fort intéressante monographie[2], accompagnée de très-jolis dessins, a été consacrée au calice, à la patène et à l'évangéliaire, et je crois devoir me borner à y renvoyer.

1. Ce peigne, qui ne ressemble en rien à ceux dont nous nous servons, est en ivoire et d'un très-remarquable travail. A côté de cet objet se trouve, dans la châsse, un coffret en écaille de tortue, probablement celui que mentionne l'inventaire de 1745 comme renfermant le voile du calice de saint Gauzlin.

2. Composée par M. Aug. Digot et reproduite au tome II des *Bulletins de la Société d'Archéologie*. Les dessins sont de M. Chatelain, membre de la Société et architecte des édifices diocésains.

Asselineau lith.

Coffres [illegible]

App^{t} à M. [illegible]

Paris, publié par A. Hauser, boul. des Italiens, 11.

...ois sculpté,

...ioraldy à Nancy.

...ino:

Imp. Lemercier, Benard et Cie

Ces morceaux, si précieux, au double point de vue de l'art et des souvenirs historiques, ne sont pas les seuls qui proviennent de l'abbaye de Bouxières : l'église de la paroisse en possède plusieurs qui lui ont très-vraisemblablement appartenu, notamment la statue de saint Gauzlin, portant le petit édicule précédemment décrit, et le tableau où est mise en action la légende miraculeuse de la fondation du monastère[1].

Tels sont, avec les faibles vestiges encore debout de l'église, les seuls restes de l'antique et illustre abbaye de Bouxières. Le nom de son saint fondateur, l'éclat dont elle avait brillé pendant des siècles, ne l'ont pas mise à l'abri de la destruction. Elle a disparu aussi bien que tant d'autres maisons religieuses plus modestes, mais non sans laisser des traces de son existence. Si l'on peut reprocher aux religieuses qui succédèrent à Rothilde de n'avoir pas su conserver la règle austère de saint Benoît et d'avoir trop sacrifié peut-être aux vanités du monde, on doit leur pardonner leurs faiblesses, car elles les rachetèrent par des vertus qui éterniseront leur mémoire au lieu qu'elles habitaient : ces nobles dames pratiquèrent la charité. Les pauvres sont rarement oubliés dans leurs pieuses donations; à côté des offrandes faites à l'église, il y en a presque toujours pour

1. On remarque aussi, dans la même église, un beau tableau représentant sainte Gertrude ; une chaire à prêcher dont le dossier est décoré de l'écusson, sculpté en bois, de l'abbesse Anne-Marie d'Eltz d'Ottange ; enfin, une statue polychrôme de saint Nicolas, qui paraît remonter au XVe siècle.

M. le comte de Gastaldy, mort à Nancy il y a quelques années, possédait un très-beau coffret en bois de chêne sculpté, qui provenait de l'abbaye de Bouxières. Cet objet a été dessiné dans le recueil intitulé : *Meubles et armes du moyen-âge*, pl. 110.

les malheureux. Bouxières avait un hôpital[1] que les chanoinesses faisaient administrer, et dont la création était leur ouvrage; et aujourd'hui encore, sur la façade d'une maison du village, on lit cette simple inscription, plus éloquente que tous les éloges :

ÉCOLE CHARITABLE POUR LES FILLES,
DOTÉE ET BATIE PAR LES DAMES DU CHAPITRE DE
BOUXIÈRES.

1. Le décret de translation maintint l'aumône établie au lieu de Bouxières pour le soulagement des pauvres de la paroisse.

PIÈCES JUSTIFICATIVES.

I.

Hérisinde donne à l'abbaye de Bouxières sa terre de Pixerécourt.

Si aliquid ex nostro sancto loco emolumentum concedimus in futuro procul dubio a Deo nobis remunerari credimus, idcirco notum sit omnibus quod ego Herisindis Sanctæ Mariæ genitrici Dei, semper virgini, in loco qui dicitur Buxariis, ubi præest abbatissa Rothildis, omni veneratione nominanda, tradidi meum alodum in præsentia nobilium virorum Liserii, Folmarii et Bosonis ceterorumque, quem dedit mihi senior meus Winemannus, jure dotis, in villa Porchera curte, super fluvium Mort, in comitatu Calmontinse, datione perpetua, quem ita tradendo disponimus videlicet pro remedio animæ prædicti senioris mei et meæ, ut ab hac hora et deinceps maneat subjectus ad prædictum locum, videlicet ad mensam Deo sacratarum, cum manso indominicato, ubi sunt servitores Hermenricus major, Jangulfus, Gontherus, Folkoinus, cum suis uxoribus et infantibus, et nemore ibi consito, vineis, campis, pratis, molendino et quicquid ad illum mansum pertinere videtur. Denique si aliquis contra hanc donationem, jure a nobis factam, injuste aliquid agere temptaverit eamque a præfato loco auferre voluerit, perpetuo innodetur vinculo anathematis, persolvatque ad locum quo supra scriptum, quippe alodum legaliter habetur concessum, libras auri decem, argenti pondera ejusdem numeri. Ut autem hæc dationis scriptio firmius perseveret longo temporis spacio, manu propria roborando eam assignavimus ac signari jussimus.

Signum domni Gauzlini, episcopi. Signum Herisinde quæ hanc donationem fecit. Signum Liseri. Signum Folmari. Signum Odelrici. Signum Bosonis. Signum Angilberti. Signum Widonis. Signum Humberti.

Acta Buxerias, in ecclesia Sanctæ Mariæ, XVII kalendas julii[1].

Original en parchemin.

1. 14 juin.

II.

Donation faite à saint Gauzlin, pour son église de la Sainte-Vierge, de saint Etienne, premier martyr, et de sainte Geneviève, par Hérisinde, de biens à Pixerécourt, à Busnéville, Autreville, etc.

932[1].

—

In nomine domini Dei æterni et salvatoris nostri Jesu Christi, Gauzlinus, humilis Leuchorum urbis episcopus.

Agnoscant omnes sanctæ Dei Ecclesiæ fideles, præsentes scilicet et futuri, qualiter quædam nobilis mulier nomine Heirsindis dedit nobis ad partem ecclesiæ nostræ sanctæ Dei genitricis Mariæ, necnon et sancti prothomartyris Stephani sanctæque Genofevæ, res proprietatis suæ in pago Calmontinse, in loco qui vocatur Purcherei curte, videlicet mansum unum cum vinea desuper constructa qui terminatur ita : de una fronte terra sancti Sulpicii, de aliis tribus partibus ipsa Harsindis tenet molendinum unum, cum manso, super fluviolum Ercum, qui habet in longum perticas lxvj, in latus vero xxvj in una fronte, in altera vj ; ita terminans : de una fronte caminus, de alia Albolfus, de uno latere Volfricus, de alio terra Sancti Stephani ; mancipia iij : Godelindem et filium ejus Widaldum, necnon et Winierdem filiam ipsius. Dedit etiam nobis, in comitatu Scarponinse, in Busnei villa et in Ultris villa, mansum unum et quartam partem ex alio manso, cum universis terris inibi aspicientibus, necnon et silvam minutam ad partem sancti Apri, confessoris Christi, qui ita terminatur : de duobus lateribus et duabus frontibus usque ad caminum et fluviolum Escio vadit.

Postea vero sua fuit petitio, nostra etiam assensum prebuit benevolentia, ut, digno recompensationis munere, mansum unum infra murum civitatis ex potestate sanctæ Genofevæ ei in precariam concederemus. Dedimus itaque illi hunc mansum simul cum supra scriptis rebus suæ proprietatis quæ sunt in jam dicto pago Calmontinse, scilicet in Purcherei curte quas nobis tradidit ; qui mansus habet in longum perticas viij, in latus et pedes xiiij, et ipsa pertica in pedes protenditur xviiij ; de alia vero fronte habet perticas iij et pedes viij, et jungitur ita de una parte terra sanctæ Genofevæ, de alia Adebertus tenet, de uno latere caminus, de altero murus civitatis.

1. Cette date est indiquée par celle de l'ordination de saint Gauzlin, inscrite à la fin de la charte ; la précédente et la suivante doivent être à peu près de la même époque.

Dedimus etiam ei res sancti Apri in comitatu præfato, videlicet Scarponinse, et in jam dictis villis : in Ultrisvilla mansos ij, in Busnei villa dimidium mansum et quicquid ad eosdem mansos de terra aspicit. Et terminantur ita : de uno latere ipsa Harsindis tenet, de alio Warnerus de fisco, de una fronte usque ad fluviolum Escio, de alia usque ad caminum.

Eo videlicet rationis ordine ut prædicta mulier utrasque res quas dedit et quas adquisivit a parte ecclesiæ nostræ, ipsa dum advixerit usufructuario teneat atque possideat, sejunctis his mansis duobus qui sunt in Utrisvilla quis[1] duntaxat, post discessum vitæ suæ, Hugo, filius ejus, fruatur.

Annis quoque singulis eadem mulier in censum, die festivitatis sanctæ Genofevæ, ceræ denarios vj ad ipsum altare persolvat, quod est in honore ejus dicatum. Similiter etiam pro rebus ecclesiasticis sancti Apri denarios xij in censum ad ejusdem altare, annis singulis, studeat persolvere.

Post discessum vero suum, utræque res ad partem ecclesiæ sancti Stephani et sanctæ Genofevæ, necnon et sancti Apri, quas dedit et adquisivit, absque aliqua diminutione, revertantur.

Et ut verius credatur et a successoribus nostris diligentius observetur, manu propria subter firmavimus, manibus quoque canonicorum simul et monachorum et nobilium laïcorum roborari fecimus. Acta Tullo vj idus julii[2].

† Domni Gauzlini episcopi, Barengeri primicerii †, Arnulfi †, Anstei, Beneri, Girardi, Adonis, Hugonis, Everelmi, Widonis, Walteri, Fraimeri, Angelberti, Ailulfi, Gauzperti, Fredenodi abbatis, Giraldi, Wineramni, Badini.

....[3] Agenaldus scripsi, regnante Heinrico rege, ordinationis X domni Gauzlini episcopi.

Original en parchemin.

III.

Confirmation par saint Gauzlin de la donation faite à l'abbaye de Bouxières, par Hérisinde, des villages de Pixerécourt et Viller-

1. Pour *quibus*.
2. 10 juillet.
3. Comme c'est une *charte-partie*, les deux premiers mots de la ligne sont coupés et illisibles.

court, d'un manse à Toul et de l'église commune de Pixerécourt et Villercourt.

—

Gauzlinus, gratia Dei favente, Tullensium præsul, omnibus fidelibus sanctæ Dei Ecclesiæ ratum duximus innotesci præsentibus et futuris, quod quedam feminarum ingenuarum illustrissima, Herisindis vocabulo, contulerit loco sanctæ Dei genitricis semperque virginis Mariæ, qui Buxeriis dicitur, super fluvium Mortuum situm, quicquid sui juris erat tam in pratis quam in terris, una cum servientibus, Purcherei curtis Villerique curtis, cum manso indominicato intra mænia ejusdem, cui, Deo autore, præsum Leuchorum urbis; cujus confinia sunt : ex parte murus prædictæ civitatis, ex alia sanctæ virginis Genofevæ ecclesia, ex tercia publica via, ex quarta mansus regalis pertingens usque ad portam; ecclesiam quoque prædictarum villarum, quæ appendens est, ab antiquo tempore, ad ecclesiam sancti Martini sitam Buxeriis; quam suam non ad purum esse sentiens, sed magis nostri juris esse prospitiens, sublimitatis nostræ adiit censuram, petens quatinus conamini illius præberemus assensum. In omnibus igitur præcelsæ perpetuæque virgini Mariæ gliscentes placere, assentientesque peticioni justæ, delegavimus, tradidimusque, subsidio humanitatis virgineo cœtui sanctissimæ celi reginæ famulantis, earumdem villarum ecclesiam, ob remedium animæ nostræ, contestans omni posteritati nostræ ne illam subtrahant a prædicti loci munimine, si aditum promereri voluerint cœlestis patriæ, et si adipisci valeant interventum mundi dominæ, et si subesse noluerint anathemati perpetuæ. Quam donationem, coram nostris plurimis fidelibus, manu propria firmavimus, in sinodoque publica, Tulli, frequenter recitari corroborarique in nostri præsentia fecimus, quatinus a futuris a loco sanctæ Dei genitricis Mariæ minime subtrahatur.

Signum domni et gloriosi pontificis Gauzlini ☩.

Original en parchemin.

—

IV.

Confirmation des biens de l'abbaye de Bouxières par l'empereur Otton II.

960.

—

In nomine sanctæ et individuæ Trinitatis, Otto, divina clementia rex, notum sit omnibus fidelibus nostris præsentibus scilicet et futuris, quod egregius Tullensis ecclesiæ pastor Gozilinus, unacum dilectissimæ conjugis nostræ Adalheidæ subventu, pro quodam loco Buxier dicto Nostram advenit Serenitatem quo ibi constructam in honore sanctæ Dei genitricis Mariæ ecclesiam, in qua divinos cultus sanctimoniales sub regularibus institutis conatu et exortatione prædicti episcopi jam cæperunt Domino exibere, nostri præcepti privilegio firmaremus ; cujus petitioni, quia christianæ Ecclesiæ normam et sublimitatem præjudicavit, consentientes, nostræ auctoritatis præcepto quo a fidelibus præsentibus et in futuro succedentibus stabile permaneat, signavimus, locaque enim ad ipsam ecclesiam pertinentia , vel ab ipso episcopo , seu ab aliis Dei cultoribus , in sustentationem victus ipsis quæ ibidem Deo militant concessa , nulli ut in beneficium dentur aut aliquo modo subtrahantur volumus, et ideo quæ in præsenti videntur habere quæsita loca, et quæ sunt in futuro acquirenda, firmius possideant, subrogari jussimus. In comitatu Scarponensi ecclesiam Leverdunensem dedit prædictus episcopus Gozilinus, et quæ ad illam pertinent, tam in terris quam in pratis, vineis , mancipiis utriusque sexus. Ecclesiam denique dedit idem episcopus, in eodem comitatu, in villa Sasiriaco, et quicquid ad eam pertinet, cum quadam vinea. Berhardus abbas dedit quandam ecclesiam in Girunnivilla, in comitatu Bedensi, super fluvium Mosam, quam emit ab Olberto, et quicquid ad eam pertinet, seu quandam vineam sitam in monte Barrisino , in comitatu Tullensi. Dedit etiam quandam ecclesiam Vorbirga , filia Framberti , in quodam monte, in honore sancti Remigii dedicata , in comitatu Sanctensi , cum pratis, terris et omnibus ibidem pertinentibus. Et ad Aciacum dedit Frambertus terras , prata , vineas , servientes utriusque sexus, pro filiabus suis Emma et Tinedrada. Prædium etiam dedit Willelmus, nobilis vir, jacentem in Dahervilla, cum terris, pratis et vinea et servientibus utriusque sexus. Odelricus etiam abbas dedit ecclesiam in comitatu Sanctensi, nomine Wiziliensem, et quicquid ad eam pertinet, tam in terris quam in pratis et servientibus utriusque sexus, et quoddam farinarium, et omnia quæ Heredo , presbiter , possidebat in villa Buxerensi. Prædium quoque dedit Hersindis in Portyeriaci curte. Urso dedit prædium in Murici curte. Humbertus dedit prædium in villa Besangio. Hademarus mansum, cum vinea, in comitatu Salnensi, dedit. Waltherus [dedit] prædium Woldesinguesilla. Abbatissam etiam quam sibi [præesse] voluerint liberum arbitrium eligendi habeant. Et ut hæc in futuro a sanctis fidelibus firmius observetur, hoc præsens præceptum [fieri] jussimus, quod manu propria firmavimus , annulique nostri impressione muniri jussimus.

Signum domni Ottonis invictissimi regis.

Liudulfus cancellarius, ad vicem Brunonis archi-capellani, recognovi.

Data anno incarnationis Domini DCCCC.LX, indictione tertia, regni Ottonis piissimi regis XXV, pridie nonas junii.

Actum pubplice Coloniæ.

Copie en papier.

V.

Donation à Volguin de ce que Nordbalt avait possédé à Mangonville.

942.

In nomine sancte et individue Trinitatis, Otto, divina favente clementia rex. Noverit omnium fidelium nostrorum industria qualiter nos, per interventum fidelis nostri Ottonis ducis, cuidam viro Volguuin nuncupato quicquid Nordbalt in villa quæ vocatur Mangunvile, in comitatu Sointinse, possederat, et judicio scabineorum fiscatum erat, in proprietatem donavimus, cum omnibus illuc legaliter pertinentibus : mancipiis, agris, pratis, pascuis, silvis, quæ prædictus Nordbalt potestativa manu tenuerat. Jussimus quoque hoc præceptum inde conscribi per quod volumus firmiterque jubemus quatinus prememoratus Volguuin deinceps liberam habeat potestatem donandi, commutandi vel quicquid ex eo sibi libuerit faciendi. Et ut hoc nostræ concessionis præceptum firmum stabileque permaneat, inde cartam scribi sigilloque nostro firmari jussimus.

Signum domini Ottonis (ici le monogramme) serenissimi regis.

Bruno cancellarius, ad vicem Fridurici archicancellarii, recognovi.

Data XV kal. decembris, anno incarnationis domini nostri Jesu Christi VCCCCXLII. Anno domini Ottonis serenissimi regis VII, indictione XIIII. Actum in Vuegesta, in Dei nomine. Amen.

Original en parchemin.

VI.

Donation de l'alcu de Mangonville à l'abbaye de Bouxières.

In nomine sancte et individue Trinitatis, notum sit presentibus et futuris quod ego Idda alodum in villa quæ vocatur Magunville, in comitatu Segetense situm, a quodam Nordbalt possessum et pro ejus exigentibus culpis quibus pro furto equorum scabineorum judicio fuit fiscatum, et ipse suspensus ; et postea, per interventum Ottonis ducis, Volguin, marito meo, per præceptum regale fuit traditum, cujus præcepti ordo et auctoritas inpresens habetur, mihi ab ipso sponso in dotalitio fuit concessum ; quod concessum, illo vivente, solidum et quietum tenui, omnium hominum clamoribus silentio suppressis. Nihilominus vero, post discesum illius, solidum ac quietum tenui multis annorum curriculis. Adultimum vero, adpropinquante termino mortis, pro remedio animæ jam dicti mariti, meæque, Sanctæ Mariæ, Buxerias loco dicto, perpetuo tradidi habendum ad augmentum vitæ sanctarum virginum quæ ibi Deo devote deserviunt. Et ut predicti alodi meæ traditionis auctoritas inperpetuo consistat, hanc cartæ notitiam fieri decrevi et anulo regis cujuscumque Deus regno preesse elegerit, ad perficiendam soliditatem traditionis, insiguiri deposco.

Original en parchemin

VII.

Henri, évèque de Toul, contraint Henri, chevalier de Losséville (Bosserville), de rendre les terres de Losséville qu'il détenait par force et contre le gré des dames de Bouxières, avec inhibition à tous autres de n'attenter contre les terres et revenus desdites dames, et confirme la donation faite par Azela de Réméréville.

1136.

In nomine Patris et Filii et Spiritus Sancti. Henricus gratia Dei tullensis episcopus, omnibus Tullensis ecclesie filiis tam presentibus quam posteris in posterum. Pastoralis officii sicut multa est dignitas, multa coherentia esse debet et pietas, ut quum hujus celsitudinis ab ipso Deo accipitur exordium, his que ad Deum pertinent celsitudo munimen sit et patrocinium. Ob hoc igitur, nos qui patres ecclesiarum appellamur, circa ecclesias nobis commissas maxime invigilare, ipsarum quieti operam dare, ipso nostre appellationis tenore conmonemur. Eapropter universitati nobis subditorum notum esse volumus quum Buxeriensis abbatissa super Henrico milite de Losseivilla, in presentia nostra, querelam sepius deposuit quod videlicet prefatus Henricus terram quandam Sancte Marie Buxeriensis violenter aput Losseivillam invaserat, violenter occupabat. Nos igitur, multimodis clamoribus ipsius et ecclesie Buxeriensis conmoniti, predictum Henricum sepius convenimus et ut ecclesie Buxeriensi terram suam quam violenter occupabat restitueret sepissime monuimus, tandem que, per archidiaconum nostrum Heinricum, ut ecclesie justiciam faceret, diem et locum nominavimus. Statuto vero die, cum ad presentiam prefati archidiaconi nostri se representasset aput Villenas, sciens sibi non favere justiciam, prelaxatam terram se injuste invasisse recognovit, ipsamque in manu Heinrici archidiaconi reddidit, multis que tam laïcis quam clericis presentibus, terram ipsam, tam in agris quam in pratis sive mansis, wirpuit. Nos ergo, quia nostrum est ecclesiarum quieti invigilare, ne quis de cetero Buxeriensi ecclesie de prefata terra injuriam inferat precipimus; omnes que qui deinceps ecclesie Buxeriensi inde violentiam intulerint, nisi resipicrint, anathemate condempnantur. Testes hujus rei adfuerunt presentes Dodo de Lineio; Winilandus, filius ejus; Rodulfus de Jarreia; Teodericus, decanus de Has; Teodericus, clericus de Villenis; Chono et Berardus, clerici de Lincio; Rainaldus de Commarcico; Rainaldus de Masnili; Walterus rufus de Vido; Heinricus, presbiter de Losseivilla; Tecelinus de Gœripontc; Johannes de Liberduno. Preterea confirmamus ipsi Buxeriensi ecclesie allodium quod Azela de Rameroilla et Johannes et Ubinus et Hugo, filii ipsius, laudeet assensu heredum suorum, apud Wirpillerias tradiderunt, ipsi que ecclesie, ea lege, eo usu quo jamdudum quiete et legitime tenuerant, tenendum concesserunt. Si quis igitur hujus nostri munimenti paginam sciens contra ire presumpserit, si non digna satisfactione correxerit, anathemate condemnetur et reus de perpetrata iniquitate apud eternum judicem cognoscatur.

Signum Durandi, abbatis Sancti Apri. Signum Haimonis, archidiaconi. Signum Hugonis de Gundricurt, archidiaconi. Signum Gotberti, archidiaconi. Signum Hugonis rufi, archidiaconi. Signum Bovonis, magistri Sancti Gengulfi.

Data per manum Galteri cancellarii, anno ab incarnatione Domini M. C. XXXVI.

Original en parchemin.

VIII.

Accord entre les dames de Bouxières et les religieux de Muraux, au sujet d'un pré sis à Bauzemont.

Vers 1160.

—

In nomine Patris et Filii et Spiritus sancti. Quum juxta dies et tempora et generationes advenientes et pretereuntes transacta novis supervenientibus aut aliter nonnumquam quam se habuerunt estimantur, aut per oblivionem penitus a memoria tolluntur, ego Gertrudis, abbatissa Sancte Marie de Boseris, et sorores capituli nostri necessarium duximus conventionem quam cum Wilelmo, abbate de Mirvalt, et fratribus ejus, de terra et prato, in territorio Basimontis, ad ecclesiam nostram pertinente, fecimus presentis cirographi inscriptione firmare et posterorum memorie commendare. Convenimus itaque concorditer inter nos, pro communi utilitate ecclesiarum nostrarum, quatinus prefate ecclesie abbas et fratres, eorum que successores, pratum quod est juxta Encinpont, ad nos pertinens, et terram a Starcheru usque Rinarchanoi, ad nos pertinentem, nostra concessione teneant et excolant, et ecclesie nostre, pro terra prefata et prato, singulis annis, in nativitate sancti Johannis Baptiste, iij solidos et viij nummos tullensis monete persolvant. Sciendum vero est quod si census hic die dicta, per incuriam et oblivionem, persolutus non fuerit, infra quindecim dies, sine occasione, ab illis daudus et a nobis recipiendus erit. De conventu sororum testes sunt Armengardis, decanissa; Hersendis et Tice, sorores; capellani Ulricus, Lodowicus; Macelinus, tunc villicus; Gerardus, tunc villicus Nancei; Gislebertus, sacerdos; Reinerus, diaconus, fratres de Mirvalt; Johannes, sacerdos de Medio vico, et frater Fredericus, tunc provisor infirmorum Nancei.

CIROGRAPHVM

Original en parchemin.

IX.

Donation à l'abbaye de Bouxières, par Ansejus et Liecewide, sa femme, d'une vigne libre et franche de ceus.

Vers 1180.

—

Quum temporis evolutio diuturna vitaque brevis soleut a posterorum pectoribus rerum gestarum seriem eluere, prudentis consilii videlicet bono inchoata principio, debitamque finem sortita, tenacis memorie stilo mandare, quatinus illibata et inconvulsa ad successorum notitiam transmittantur. Pateat ijitur universitati fidelium quod ego Ansejus cum Liecewide, conjuge mea, precio L[ta] (quinquaginta) solidorum tullensis monete vineam comparavi a domina Mastilde, eo tempore abbatissa buxeriensi, liberam et ab omni censu redditionis absolutam, sanctimonialium ibidem commanentium universitate consentiente et laudante. Quo facto, prefatam vineam tam ego quam uxor mea prenominata, pro remedio animarum nostrarum et predecessorum heredumque nostrorum, super altare Dei Genitricis ibidem in elemosinam reposuimus, petentes et impetrantes ut ante idem altare lampas, cum oleo perpetuo lucitura, de fructuario proventu pretaxate vinee statueretur; que domina M., eo tempore abbatissa, quoad viveret, in manu et dispositione sua vineam tenens, provideret. Veruntamen, post ipsius obitum, de cetero nulli abbatisse eandem vineam tenere liceret, seu alicui sanctimoniali fideli et devote mulieri communi capituli voce ad id strenue peragendum committeretur ; in cujus executione si in futurum eadem, ut assolet, negligens et solito tepidior per aliquam insolentiam appareret, alia que dignior esset, absque omni reclamatione et retractatione, similiter voce capituli electa succederet. Ad cujus beneficii recompensationem concessit nobis totalitas capituli, et pepigit nomen et diem obitus utriusque nostrum kalendario, in quo nomina confratrum ejusdem loci defunctorum continentur, inscribi et die obitus utriusque nostrum anniversario missam rite, cum ceteris officiis ad idem spectantibus, sollempniter, cum signorum pulsatione, celebrari. Hujus rei testes sunt Adeleidis, ejusdem loci decana ; Roberga, Guillelma, Berta, Godefridus, ebdomadarius ejusdem loci ; Petrus, sacerdos, prebendarius ejusdem loci ; Teodericus, diaconus.

Original en parchemin.

X.

Donation à l'abbaye de Bouxières, par un chanoine de Liverdun, d'un étang et de deux moulins.

Vers 1180.

Ego G. de Laiez, Sancti Eucharii Liberdunensis canonicus et thesaurarius, tam futurorum quam presentium memorie presentis scripti attestatione, mandare curavi, quod, pro remedio anime mee, contuli ecclesie Sancte Marie de Buxeriis stagnum cum duobus molendinis, quorum unum situm est super rivum qui de stagno derivatur in Murt, alterum vero juxta stagnum, que propriis sumptibus super fundum prefate ecclesie, laude et assensu M., abbatisse, et totius capituli de Buxeriis, construxi. Et ut presens factum, processu temporum, ratum et inconvulsum permaneat, presentem paginam sigillorum Odonis, tullensis episcopi, et Berte, Lothoringie ducisse, et Matildis, abbatisse, et proprii impressionibus volui roborari.

Original en parchemin.
(Il n'y a plus de sceaux.)

XI.

Liste chronologique des abbesses de Bouxières.

Rothilde. — Suivant l'auteur de la Vie du B. Jean de Gorze, la première abbesse de Bouxières (Rothilde) fut une bonne fille, convertie par Humbert, fameux reclus de Metz. Dans la confirmation des biens de l'abbaye de Bouxières par l'empereur Otton, en 965, il est dit que le comte Teutbertus donna un domaine (*prædium*) pour la sépulture de son épouse Duditte et l'offrande de *sa fille* Rotilde : d'où l'on peut conclure que la première abbesse de Bouxières était fille de ce comte.

Un autre passage du diplôme impérial semble indiquer les noms des deux personnes qui accompagnèrent Rothilde dans sa retraite : ... *ad Aciacum dedit Frambertus terras, prata, vineas, servientes utriusque sexus*, pro filiabus suis Emma et Tinedrada.

II. *Ermengarde*. 976[1].

III. *Hadevide*. 1073.

IV. *Hara*, fille de Thierry, duc de Lorraine. 1115 (ou 1120). 1130. 1136.

V. *Oda*. 1137. 1146.

VI. *Gertrude de Uy* ou *de Vic*. 1150. 1176. 1180.

VII. *Mathilde*. 1185.

VIII. *Helvide de Monthureux*. 1213.

IX. *Pétronille*. 1255. Ou plutôt *Pérette :* « Instrument faisant foi de l'élection de l'abbesse de Bouxières, nommée Alix de Fontenoy, après la mort de sa prédécesseresse, nommée *Pérette*. »

X. *Alix* ou *Aleyde de Fontenoy*, auparavant dame de Remiremont, était déjà abbesse de Bouxières en 1272 ; son élection fut confirmée au mois de janvier 1284.

XI. *Madelaine de Ruppes*. 1290.

XII. *Henriette d'Haroué* ou *de Puligny*. 1299. † 1349.

XIII. *Isabelle* (ou *Elisabeth*) *de Ruppes*, fille de Huart de Beaufremont et de Mahaut de Fontenoy. Elue en 1349. † 1377.

XIV. *Catherine de Nancy*. 1377.

XV. *Antoinette de Ruppes*, nièce d'Isabelle, fille de Gauthier de Beaufremont et d'Alide de Rougemont. Elue en 1379. † 1408.

XVI. *Agnès d'Haroué*, fille de Henri d'Haroué et d'Isabelle de Nancy. Elue le 10 janvier 1408. † 1438.

XVII. *Isabelle* (ou *Isabeau*) *de Ludres*, fille de Jean de Ludres et d'Agnès de Richardménil. Elue le 27 septembre 1438, âgée seulement de 18 ans ; elle était encore abbesse en 1466.

1. Ces dates indiquent les titres dans lesquels les abbesses sont mentionnées.

XVIII. *Alarde* ou *Alix de Pfaffenhoffen*, fille de Gérard de Pfaffenhoffen, sénéchal de Lorraine, et d'Isabelle d'Orne, posséda l'abbaye jusqu'en 1501. Des bulles de cette année lui donnent le pouvoir de jouir des fruits, droits et prééminences de la dignité d'abbesse, sa vie durant, nonobstant qu'elle se fût démise ès mains de Renée de Pfaffenhoffen, sa nièce.

XIX. *Renée de Pfaffenhoffen*. Elue en 1501. † 1550. Dès l'année 1547, elle avait pris pour coadjutrice :

XX. *Anne de Jussy*, fille de Claude baron d'Hurbache et d'Anne des Armoises. Coadjutrice depuis l'année 1547. † 1553.

Son sceau est appendu à un acte de l'année 1551, avec celui du chapitre.

XXI. *Anne-Françoise de Ludres*, fille de Ferry de Ludres et de Marguerite de Sampigny. Promue le 26 avril 1553. Elle eut pour coadjutrices : Marguerite de Ludres, doyenne de Remiremont, qui mourut avant sa coadjuvée, et Françoise du Hautoy[1].

Le sceau de Françoise de Ludres est appendu, avec celui du chapitre, à un acte de 1555.

XXII. *Françoise du Hautoy*, fille de François du Hautoy et de Nicole de Beauvau. Coadjutrice en 1601. † 1636.

Son sceau est appendu, avec celui du chapitre, à un acte de 1610.

XXIII. *Anne de Montbéliard*, dite *de Lantage*. Coadjutrice en 1616, abbesse en 1636. † 1639.

XXIV. *Marguerite de Custine*, fille de Jean de Custine, baron de Condé, et de Dorothée de Ligniville. Abbesse jusqu'en 1641, puis mariée à Jean comte de Lambertye, maréchal-de-camp des armées du roi.

XXV. *Anne-Catherine de Cicon*, fille de Marc de Richecourt et de Bonne de Tavagny. Elue le 23 janvier 1641. † 1668. Elle avait choisi pour coadjutrice Barbe des Armoises ; mais cette nomination ayant été faite sans le consentement et l'approbation du chapitre, les capitulantes, à la mort de la coadjuvée, refusèrent de la reconnaître. (Elle prend cependant le titre d'abbesse en 1670.) Il y eut procès dans les parlements et à Rome pendant neuf ans ; à la fin, Barbe remit ses droits, le 16 février 1678, à Marie-Françoise de Rouxel de Médavi, et le chapitre agréa cette démission.

1. On trouve, à la date de 1556, l'acte de partage d'une maison située au cloître de l'abbaye, provenant de Blanche de Haraucourt, *en son vivant abbesse*.

XXVI. *Anne-Marie-Françoise de Rouxel de Médavi*, chanoinesse de Remiremont. Elle reçut ses bulles d'institution le 4 juillet 1678, et mourut à Remiremont le 16 septembre 1685.

XXVII. *Anne-Françoise de Simiane de Moncha*, fille d'Edme-Claude de Simiane comte de Moncha, et d'Anne-Claude-Renée de Ligniville-Tantonville. Obtint ses bulles le 21 mars 1685, et mourut le 21 novembre 1715, chez les dames du Saint-Sacrement de Nancy.

XXVIII. *Anne-Marie baronne d'Eltz-d'Ottange*. Elue le 8 février 1716, obtint ses bulles le 13 mars et prit possession le 25 avril. Elle mourut à Bouxières, le 3 avril 1760, âgée de 95 ans[1].

Elle se choisit pour coadjutrice, en 1753, Béatrix de Choiseul-Stainville, qui fut agréée la même année par le chapitre, exerça ces fonctions jusqu'en 1759, qu'elle changea d'état et fut remplacée par Mme de Gouffier.

XXIX[2]. *Charlotte-Sidonie-Rose* comtesse *de Gouffier-Thois*, nommée abbesse le 28 mai 1760, prit possession le 12 mars 1761. Elle fut apprébendée, le 25 octobre 1761, par Mme de Choiseul-Stainville, dame de Remiremont, ensuite des lettres de cachet du roi. Se maria et fut remplacée par

XXX. *Françoise* baronne *d'Eltz*, élue le 2 août 1762. Morte à Nancy le 7 mai 1773.

Le 20 mars 1799, on a trouvé son corps; la chair, dont des morceaux ont été conservés, n'était pas corrompue.

XXXI. *Marie-Françoise-Angélique* comtesse *de Messey*, comtesse *de Bielle*, chanoinesse de Remiremont. Elue en 1773; morte à Nancy, âgée de 80 ans, le 10 avril 1825.

Mme *de Fontanges*, nommée coadjutrice, le 26 juin 1786, à la demande de Mme de Messey et du consentement du chapitre, par M. de Brienne, archevêque de Toulouse, commissaire apostolique.

XII.

Liste des religieuses et des chanoinesses de Bouxières.

965. Emma et Tinedrada, filles de Frambertus.

Vers 1160. Ermengarde, *doyenne*.

1. Dom Calmet s'arrête à cette abbesse.

2. Cette abbesse ne figure pas dans la liste donnée par le *Gallia christiana;* je l'indique d'après une note qu'a bien voulu me communiquer M. l'abbé Charlot.

Hersendis.
Tice.
Vers 1180. Adeleidis, *doyenne.*
Roberga.
Guillelma.
Berta.
1356. Agnès de Theuleures (Thuilières),
Biétrix de Lemeville (Lemainville?), qualifiées « procureresses » de l'abbesse.
1393. Anne de Tincry, jadis femme de Jean d'Amelécourt, fait une donation pour ses deux filles, Jeanne et Catherine, dames au monastère de Bouxières.
1403. Marie de Saint-Amant.
1439. Marguerite de Haroué.
1458. Catherine d'Aboncourt, *trésorière.*
1470. Marguerite de Lénoncourt.
1494. Biétrix de Lecey (Lucy).
Jeanne d'Auboncourt (Aboncourt), *trésorière.*
Alix de Saint-Loup.
Blanche de Haraucourt.
Barbe de Lénoncourt.
1500. Yolande d'Aboncourt, *trésorière* en 1505.
Katin (Catherine) de Craincourt.
Jacquette de Haraucourt, *trésorière.*
Barbe de Maugiron.
Antoinette de Pfaffenhoffen, *trésorière* en 1509.
Lison de Maugiron,
Gérarde de Lambrey.
Madelaine de Frénel.
Yolande des Armoises.
1522. Gladon (Claude) de Ligniville.
Jeanne de Lucy.
1535. Jeanne de Dombasle.
1553. Jeanne de Landres.
1555. Claudine de Lambrey.
Suzanne de Lucy.
Marguerite de Lambrey.
Claude de Saulx (ou de Faulx).
1557. Antoinette de la Grant-Faulx.
Renée de Luxembourg.
Anne de Chahanay.

Jeanne de Lucy.
Claude de Haraucourt.
Marguerite de Lénoncourt.
1564. Jeanne de Frénel.
Antoinette de Senailly.
1605. Jacqueline de Serocourt, dite de Belmont.
1607. Gabrielle de Tavagny.
Anne de Custine, dite de Guermange.
Marie de Chérisy.
Jeanne de Serocourt.
Françoise de Roussel.
1609. Françoise de Bignécourt (Bégnicourt ?).
Jeanne de Montbéliard, dite de Lantage, *trésorière* en 1620.
1611. Anne-Catherine de Custine, dite de Bioncourt, *trésorière* en 1632.
Antoinette de Serocourt. (Morte en 1634.)
Anne de Montbéliard.
Catherine de Tavagny.
1614. Madelaine de Schauwembourg.
1617. Françoise de Mercy.
Antoinette de Mercy.
Elisabeth du Châtelet.
1622. Catherine de Chérisy.
Catherine de Coussey.
1641. Dorothée de Schauwembourg.
.... Claude-Antoinette de Schauwembourg de Bertrange, morte *trésorière* en 1693.
Anne de Ludres.
1649. Anne-Louise de Schauwembourg de Fontoy.
1650. Anne-Catherine de Cicon, dite de Buvigny (autre que l'abbesse).
1651. Elisabeth de Ludres de Claycures.
1652. Christine de Haraucourt.
Virginie-Ursule de Custine.
1653. Anne-Catherine de Haraucourt de Molberg ou Malbrugh. (Morte en 1673.)
Charlotte de Beauvau. (Morte en 1662.)
1654. Marguerite-Renée de Joyeuse.
Barbe de Laudres.
1655. Charlotte-Dorothée d'Autel.
Françoise-Gabrielle de Ligniville. (Morte en 1658.)
Anne-Françoise de Roucelz.

1657. Marie-Antoinette des Armoises de Buvigni.
1658. Elisabeth de Bassompierre.
1659. Dorothée-Claire d'Autel.
Barbe des Armoises.
1662. Marguerite de Belcastel. (Morte en 1708.)
1667. Catherine de Cicon.
Gabrielle de Mauléon.
1668. Anne-Louise de Belcastel. (Mariée en 1680.)
Jeanne-Romarine de Cléron de Saffre.
1680. Marguerite de Lambertye.
Antoinette-Charlotte de Mauléon. (Remercia avant d'être coiffée.)
Catherine-Aimée de Trestondan, comtesse d'Anisy, *doyenne* de 1716 à 1741[1].
1683. A.-X. de Schauwembourg.
1684. Marguerite-Françoise--Anne de Ficquelmont de Mars-la-Tour. (Morte en 1694.)
1686. Antoinette de Méchalin de Verfeuil.
1687. Françoise-Ursule de Simiane de Moncha.
Catherine de Ficquelmont. (Remercia avant d'être apprébendée.)
Marie-Angélique de Liscoet, par brevet sur la prébende ducale. (Elle quitta, en 1692, pour être attachée comme dame d'honneur à la duchesse d'Orléans.)
Marguerite-Françoise de Tige. (Mariée en 1712.)
1688. Charlotte de Lambertye.
Jeanne-Angélique d'Anglebermer de Laigny. (Mariée en 1708.)
1690. Claude-Antoinette de Schauwembourg.
1692. Anne-Marie-Thérèse Simiane de Moncha.
Jeanne-Marguerite de Lambertye. (Mariée en 1693.)
Marie-Thérèse d'Anglebermer comtesse de Laigny. (Mariée en 1708.)
1693. Françoise-Concorde de Simiane de Moncha (prébende de la crosse).
Eléonore-Marie-Thérèse baronne de Wangen. (Se fit religieuse en 1701.)
1695. Reine-Madelaine d'Eltz.

1. Elle fonda une mission à Bouxières, la chapelle de la Sainte-Vierge dans l'église du village et une place aux Orphelines de Nancy pour une fille de ce lieu. Elle est aussi l'une des fondatrices de l'école charitable pour les filles de Bouxières.

Charlotte de Waugen.

1697. Anne-Françoise de Roucels, ou Roucelz, *trésorière* en 1702, *doyenne* en 1714.

1699. Anne-Marie de Roucels.

1701. Elisabeth de Lautage.

1708. Marie-Anne baronne de Warsberg.

Anne-Catherine de Landres de Briey, *doyenne* en 1762.

Barbe-Charlotte d'Eltz de Volmerange. (Mariée en 1715.)

Marie-Françoise de Tige.

Antoinette de Schauwembourg.

Reine d'Ottange.

1712. Anne de Briey, par le mariage de Marguerite de Tige.

Jeanne-Françoise de Landres de Briey.

1713. Jeanne-Charlotte d'Eltz de Volmerange.

1715. Anne de Roucels.

1716. Anne-Marie-Philippe-Henriette d'Eltz de Kempenich. (Morte en 1750.)

Marie-Catherine baronne de Reinach de Foussemagny.

Anne-Antoinette-Charlotte de Mohr de Waldt.

Reine-Madelaine d'Eltz d'Ottange, *doyenne* en 1745.

Marie-Christine Simiane de Moncha, en vertu du brevet épiscopal, par la mort d'Anne-Françoise de Roucels. (Remercia.)

1718. Louise de Belcastel.

1721. Marie-Charlotte de Landres de Briey, par brevet du duc.

1729. Reine-Madelaine d'Hunolstein. (Mariée en 1744.)

1730. Marie-Charlotte-Françoise d'Eltz de Kempenich.

Anne-Marie-Louise de Zuckmantel de Brumath, par brevet épiscopal dont jouissait Marie-Catherine de Reinach, morte le 3 mai. (Remercia en 1735.)

1735. Marie-Antoinette-Elisabeth de Zuckmantel. (Remercia en 1740 pour se marier.)

Marie-Charlotte-Béatrix de Zuckmantel, par la mort d'Antoinette de Méchalin de Verfeuil. (Mariée en 1766.)

1736. Amélie-Françoise-Henriette de Flashslande, ou Flaxelande. (Morte en 1744.)

1740. Philippe de Mohr de Waldt baronne de Betsdorff.

1741. Marie-Françoise d'Eltz de Schemilberg, ou Schemigdeberg.

1742. Marie-Anne-Sophie Reittner de Weyll, par la mort d'Antoinette de Shauwembourg. (Remercia à cause de mariage.)

Marie-Euphémie-Thérèse-Caroline-Pacifique de Ligertz comtesse de Gléresse.

1743. Marie-Elisabeth-Antoinette de Flashlaude.
1744. Marie-Anne-Wilhelmine-Charlotte de Warsberg, dite de Weiden, ou Vaideu. (Remercia en 1754 pour se marier.)
Marie-Anne-Walburge de Flashlande. (Remercia en 1756.)
Amélie-Henriette de Flashlaude.
Mme de Warsberg, dite de Veeld, a remis à l'abbesse, sa tante d'église, son couvre-chef, et s'est retirée.
1745. Marc-Françoise-Elisabeth de Fussey-Mennessaire, par brevet de Stanislas, ensuite du mariage de Reine-Madelaine d'Hunolstein.
1749. Marie-Anne-Félicité de Briey de Landres.
1750. Marie-Agnès-Dieudonnée de Coudenhoüc de Vaudoncourt.
Marguerite-Joseph de Coudenhoüe de Vaudoncourt, par le décès de Marie-Anne de Warsberg.
1753. Béatrix de Choiseul-Stainville, ci-devant dame de Remiremont. Elue coadjutrice le 8 juin et coiffée le même jour. Agréée, la même année, par le chapitre, comme *coadjutrice* à Mme d'Eltz ; changea d'état en 1759, et fut remplacée par Mme de Gouffier.
1754. Marie-Anne-Claire-Joseph de Sickingen. (Morte en 1760.)
1755. Barbe-Antoinette-Julienne de Schauwembourg, dite de Bertrange.
1756. Bibiane-Claire de Schauwembourg, sur le remercîment de Marie-Anne Valburge de Flaxelande. (Mariée en 1765.)
1760. Sidonie-Rose de Gouffier, élue abbesse le 28 mai 1760.
1762. Claire-Elisabeth - Marianne-Valburge d'Eltz de Kempenich, pour la prébende de la crosse. (Mariée en 1767.)
1765. Louise Charlotte-Joseph de Lavaux de Sommecourt.
Marie-Rose de Lort de Montesquiou.
1766. Marguerite-Françoise de Capisuchi de Bologne, par le mariage de Marie-Charlotte-Béatrix de Zuckmantel. (Mariée en 1774.)
1767. Caroline-Antoine-Henriette de Ratzamhausen, pour la prébende de la crosse. (Mariée.)
Thérèse-Marie-Agnès-Angélique de Lort de Montesquiou.
1769. Marie-Anne de Mouy de Sons.
Madelaine-Barbe de Breiten-Landenberg, par le mariage de Barbe-Antoinette-Julienne de Schauwembourg.
1770. Sibille-Antoinette-Charlotte de Ligniville, pour la prébende de la crosse, par l'entrée en religion de Mme de Fussey-Mennessaire.
1772. Marie-Anne-Joseph-Waldbourg-Monique-Jeanne Schneulin Berenlapp de Bolschweill, par le décès d'Anne-Catherine de Briey de Landres.

1774. Marie-Joseph-Catherine de Boisgelin de Kerdru.
1778. Marie-Claire de Saint-Belin, par la démission de Mlle de Lavaux, mariée en 1784.
1779. Marie-Elisabeth-Walbourg-Monique Schneulin Berenlapp de Bolschweill.
1784. Henriette-Charlotte d'Andlau.
Marie-Nicole-Léopolde de Saint-Bélin.
1785. Marie-Marguerite de Fontanges, ci-devant chanoinesse du chapitre de Neuville, pour la prébende de la crosse, par le remercîment de Caroline-Antoine-Henriette de Ratzamhausen.

Nominations de nièces, par suite du décret de translation, portant augmentation du nombre des chanoinesses[1].

1786. Odile d'Andlau.
Anne-Marie-Caroline-Albertine de Pouilly.
Louise-Philippine de Briey.
Elisabeth-Vitale-Charlotte de Mouy de Sons.
Emilie de Flascaude.
Marie-Antoinette de Kægenck.
Adrienne de Kanisy.
Charlotte de Falkenstein.
Polixène-Joséphine de Boisgelin.

Nominations par l'abbesse pour posséder des prébendes de tantes.

.... De Brabançois.
Eulalie de Brisay.
Charlotte-Louise de Cléron d'Haussonville.
Jeanne-Henriette de Monteinard.

Et pour des prébendes de nièces :

Marie-Louise-Françoise-Jacqueline de Montenard.
Marie-Victoire d'Haussonville.
.... de Fonteuille.

1. Il est difficile, à partir de cette époque, d'indiquer exactement les admissions, soit comme dames tantes, soit comme dames nièces, soit enfin comme secondes nièces. Parmi les demoiselles présentées, et dont les noms figurent dans le registre capitulaire, les unes n'acceptent pas, d'autres ne peuvent faire leurs preuves, plusieurs se retirent après être restées quelque temps dans le chapitre. Aussi remarquera-t-on que, souvent, les prénoms sont omis; dans ce cas, il s'agit ordinairement de demoiselles qui n'ont été que présentées.

Nomination de dames tantes, suivant les intentions de Mmes Adélaïde et Victoire.

.... de Bonnay.
.... de Lingende.
Marie-Françoise-Geneviève de Saint-Chamant.

Et pour dames nièces :

.... de Chalus.
.... de Châteaubodau.
Adélaïde-Célestine-Marie de Saint-Chamaut.
Marie-Anne-Caroline-Claudine de Schneulin de Bolschweill.

Dames tantes.

.... de Maillanne.
Charles-Louise de Montzun.
.... de Fontenille.

Dames nièces.

Thérèse-Ardouine de Montzun.
.... de Bouzy.

Nièces.

Charlotte du Hautoy.
Pauline-Fidèle d'Andlau.
Françoise-Honorine-Adélaïde de Bouillon.
Joséphine de Damas de Marsillac.
Sidonie-Eulalie-Sylvie-Rose-Marie-Louise de Las Cases Beauvoir.
Ambroise-Gabrielle-Didier de Guerchy.
Catherine-Charlotte-Augustine de la Roche-Négly.
Marie-Catherine-Henriette de la Roche-Négly.
.... Lobkowitz.
...... Saint-Simon.
Emélie-Françoise-Louise d'Haussonville.
Armande-Jeanne-Charlotte-Félicité de Roucherolles.
Cunégonde-Marie-Anne de Kerpen.
Béatrix-Françoise de Kageneck.
Adrienne-Hervé de Kauisy.

Les quatre demoiselles présentées par Mme Adélaïde s'étant retirées, on nomme :

Aglaé-Marie-Madelaine Dubosc de Radepont.
Marie-Cécile-Madelaine-Pétronille de Chabannes.
Marie-Cunégonde-Valburge-Thècle d'Eltz (à la place de Mlle de Falkenstein).

1788. Alexandrine-Avoine-Delphine du Roux de Sigy.
Marie-Françoise-Joséphine de Chavagnac.
Marie-Rose de Caulaincourt.
Anne-Louise-Marie-Eulalie le Sénéchal de Carcado de Molac.
.... d'Espinay.
.... de la Porte-Vezin.

Composition du chapitre en 1790.

Mme de Messey, *abbesse.*
Philippine de Waldt, *doyenne.*
Marie-Euphémie-Thérèse-Caroline-Pacifique de Ligeriz de Glérêsse, *secrète.*
Marie-Rose de Lort.
Marie-Thérèse-Agnès-Angélique de Lort-Montesquiou.
Madelaine-Barbe de Breiten de Landenberg.
Sibille-Antoinette-Charlotte de Ligniville.
Marie-Anne-Joseph-Valburge-Monique de Schneulin-Berenlapp de Bolschweill.
Marie-Joseph-Catherine de Boigelin de Kerdru.
Marie-Anne-Charlotte-Claudine de Schneulin-Berenlapp de Bolsch-weill.
Marie-Elisabeth-Valburge-Monique de Schneulin-Berenlapp de Bolschweill.
Marie-Anne-Caroline-Odile d'Andlau.

XIII.

Acte du transport de la châsse de saint Gauzelin et autres reliquaires en l'église collégiale de Bouxières, qui avoient esté mis en dépost chez les dames de la Visitation de Nancy, du 24 aoust 1748.

—

Nous dames chanoinesses de l'insigne église collégiale et séculière de Notre-Dame de Bouxières, en conséquence du pouvoir qui nous a esté donné par les dames abbesse, doyenne et chanoinesses qui le composent avec nous, présentes audit Bouxières, nous nous sommes, cejourd'huy vingt-quatrième aoust dix sept cent quarante huit, fait conduire en la ville de Nancy et de suitte chez les dames de la Visitation de Sainte-Marie dudit Nancy, dans le couvent desquelles dames nous avons entrées avec la permission de monsieur de Tervenus, supérieur de ladite maison, où étantes, nous avons prié lesdittes dames supérieure et religieuses de vouloir bien nous permettre de retirer de leur couvent et de faire transporter les reliques de saint Gauzelin, notre patron et fondateur, ensemble les autres reliquaires et vases sacrés qu'elles ont bien voullû recevoir en dépost dez le 6e septembre 1743, suivant l'acte qui en a esté dressé et signé de mesdittes dames supérieure et religieuses, assistante et conseillières, et qui sont enfermées dans deux armoires, mises au dortoir vis-à-vis une chappelle, lesdittes armoires fermées sous trois clefs, et sur les serrures desquelles les sceaux de notre chapitre et de la Visitation ont esté apposés en présence desdittes dames supérieure et religieuses, de monsieur de Tervenus, curé de Saint-Roch, à Nancy, supérieur de laditte Visitation, du sieur L'huillier, leur ausmônier et confesseur ordinaire, et des sieurs Duchesne et Gallois, chanoines audit Bouxières; à tout quoy mesdames de la Visitation voullant bien satisfaire avec leurs affection et bontés ordinaires, nous, dames, en vertu du pouvoir à nous donné, aiant reconnu que les sceaux qui ont esté apposés sur les serrures desdittes armoires, de même que ceux mis sur le ruban qui enveloppoit la châsse de saint Gauzelin, dans laquelle sont ses précieux ossemens, et sur la caisse dans laquelle étoit le buste qui renferme le chef de saint Gauzelin, étoient seins et entiers sans aucune fracture, de même que ceux apposés sur les caisses dans lesquelles sont tous les reliquaires spécifiés au procez-verbal dudit jour 5 septembre 1743, messieurs François Gallois et Claude Monchablon, chanoines audit Bouxières, ont levé lesdits sceaux et tiré des armoires la châsse, le buste et les reliquaires, qu'ils ont portés processionnellement sur l'autel de l'église de laditte Visitation, précédés de monsieur de Tervenus qui étoit en étole et en surpelis, de M. Mayauce, curé de Saint-Nicolas de Nancy, paroisse y établie, et suivoient les dames religieuses, pensionaires, aiant des cierges allumés; et étant parvenus dans le chœur, M. de Tervenus a chanté l'hymne d'*Iste confessor*, puis a encensé lesdittes reliques et dit la collecte; et après que le peuple qui étoit venû de toutte part a eû prié devant lesdittes reliques pendant une heure, les sieurs Gallois et Monchablon ont pris et porté la châsse, le buste et autres reliquaires dans deux carosses qui étoient préparés devant la porte de laditte église et se sont mis à costé desdittes reliques, étans en surpelis et étoles, et nous, dames procuratrices dudit chapitre, aiant monté dans un autre carosse, avons ordonné aux cochers de faire marcher et conduire les trois carosses jusqu'au bout du pont de Bouxières, où nous avons trouvé les dames et les niepces qui étoient restées dans l'abbaye, revêtues de leurs habits d'église, ensemble un de leurs chanoines et le sieur Trompette, curé dudit Bouxières; et les sieurs Gallois et Monchablon ont pris et porté la châsse, buste et reliques dans l'église paroissiale dudit Bouxières, suivis des dames, du sieur curé, des habitans, tant dudit Bouxières que des villages circonvoisins, qui marchoient en procession ; lesquels aiant posé lesdittes reliques dans le chœur, le sieur curé a comancé à chanter : *Iste confessor*, avec plusieurs autres hymnes, les a encensé et après avoir eu dit la collecte, les deux chanoines ont repris laditte châsse, buste et reliquaires, qu'ils ont portés processionnellement, en chantant les litanies des saints, plusieurs hymnes, jusqu'à l'église collégialle, ensuitte ils y sont entrés avec les dames et tous les peuples qui avoient suivis en procession, puis ils ont déposé la chasse, buste et reliques sur le maître autel, les ont encensés, ont chanté avec mesdames : *Iste confessor*, et le tout s'est terminé par le *Te Deum*, que l'on a chanté pendant le son de touttes les cloches et lorsque l'on tiroit des boëttes : lesquelles reliques ont esté laissées exposées pendant l'octave à la dévotion du public, après laquelle et la fête du bienheureux saint Gauzelin célébrée, la châsse et buste et tous les autres reliquaires ont esté remis dans le thrésor et armoires du chapitre, en présence des dames alors présentes audit Bouxières, ensemble les vases sacrés spéciffiés en l'acte dudit jour 5 septembre mil sept cent quarante-trois, et après lecture faitte, mesdames se sont soussignées avec leur secrétaire ordinaire.

R. M. d'Eltz, doyene. A. M. d'Eltz, abbesse.
A. Mohr de Waldt. A. de Varsberg.
Monchablon, chanoine.
F. Gallois, prêtre, chanoine de Bouxières. Lemire, secrétaire.

XIV.

Délibération au sujet du retrait des reliques de saint Gauzlin, déposées chez les Sœurs-Grises de Nancy.

1659.

Cejourd'hui premier octobre mil six cent cinquante neuf le Chappitre estant assemblé extraordinairement au lieu accoustumé, où se sont trouvés présantes Révérandes Dames Anne Catherine de Cicon, Abbesse, Claude Anthoinette de Schawuambourgh de Berrange, Dames Capitulantes, et leurs niepces appellées pour ceste fois, et sans tirer à conséquence, sçavoir : Mesdames Marie Anthoinette des Armoises de Senlis, Elizabeth de Ludre de Cleurre, Anne Louyse de Schawuambourgh de Fontoy, Christinne de Haraucourt, Anne Catherinne de

Malbert, Virginie Ursule de Custinne, Dorothée Claire Dautel ; après qu'il a esté proposé par lesdites Dames Abbesse et Chappitre qu'il seroit à propos d'aviser de retirer les relicques de St Gauzelin leur fondateur du dépost auquel elles ont esté mises en l'an 1635 entre les mains des religieuses de St François d'Assize de la ville de Nancy, dictes sœurs grises, pour éviter la fureur de l'armée des Suédois, Hongrois, et aultres trouppes que pilloient les églises et portoient la désolation dernière dans toute la province ; puisque présentement la crainte de pareilles incursions estoit passée, et que par la grâce de Dieu, assistance de la Ste Vierge, et du bienheureux St Gauzelin leur fondateur, lesdites Dames se trouvant restablies dans leur église et maisons dudit Bouxière, ont deslibéré d'y faire le service divin comme d'ancienneté ; après avoir deslibéré sur ladite proposition, les susdites Dames Capitulantes ont unanimement remercié ladite Dame Abbesse de la libéralité dont elle a usé, d'avoir, à ses propres despens, faict faire une châsse belle et magnifique pour y mettre lesdites relicques du bienheureux St Gauzelin ; ont toutes, tant lesdites Dame Abbesse que Dames Capitulantes et niepces, résolu qu'à certain jour que sera jugé le plus commode, deux desdites Dames se transporteront en ladite ville de Nancy pour retirer le despost desdites relicques et bailler une descharge auxdites religieuses de l'ordre de St François et faire dresser en forme autentique, pardevant deux tabellions et tesmoings, un procest verbal de la restitution desdites relicques, qui seront incontinant rapportées par lesdites Dames, assistées de personnes éclésiastiques audit lieu de Bouxière, à l'entrée du pont où se trouveront ladite Dame Abbesse, lesdites Dames capitulantes et niepces en procession avec leurs habits d'église, comme aussi leurs chanoines officiant avec le sieur curé dudit Bouxières, et les habitans dudit lieu, avec laquelle procession lesdites relicques seront apportées en leur église Nostre Dame dudit Bouxières avec ismes et office ecclésiastique accoustumé, et là estant seront posée dans ladite châsse nœuve avec la décence requise, et de rechef sera acte dressé de ladite position, lequel acte sera double pour estre l'un d'iceulx enfermé dans la châsse, et l'autre mis à trésor desdites Dames, et le tout enregistré au livre des acts capitulaires, ayant lesdites dames nommée pour l'exécution de ladite respétition dudit despost, les dames Claude Anthoinette de Schauwambourgh et Anne Louyse de Schauwambourg, qu'elles ont faict et constitués à cest effect leurs procuratrices générales et spécialles, pour faire, dire, gérer et négotier en tout ce que dessus ce qu'au cas appartiendra, de mesme que si le Chappitre estoit présant en corps ; auxquelles dames, pour ce subject, leur a esté donné tout pouvoir, commission et mandement spécial, faict au chappitre dudit Bouxières ledit jour premier octobre 1659.

Anne Catherine de Cicon, abbesse. C. A. de Schauwenbourgh. Elisabeth de Ludre. M. A. des Armoises. A. L. de Schauwenbourgh. X. de Haraucourt. Anne de Haraucourt. W. de Custine. Dorothée Claire Dautel.

Richier, secrétaire du chappitre.

XV.

Procès-verbal de la remise des reliques de saint Gauzlin aux dames de Bouxières par les Sœurs-Grises de Nancy.

1659.

Pardevant les tabellions générauIx au duché de Lorraine, résidant à Nancy, soubsignés, et en présence des tesmoins et assistance au bas nommés estant au monastère des religieuses de St François d'Assize de la ville neuve dudict Nancy, dictes vulgairement sœurs grises, se sont présentées révérandes dames Claude Anthoinette de Schawambourg, dame capitulante, et Anne Louise de Schawambourg, sa sœur et niepce d'église, procuratrices de l'église Notre Dame de Bouxières, lesquelles adressant leurs paroles à mères Anthoinette Humbert, supérieure, Claude Chamagne, vicaire, Elisabeth Villier, Barbe Lambert, portière, Françoise Dattel, sacristaine, et Louise Noirel, procureuse, toutes religieuses audict monastère, ont dict qu'en vertu de la procuration dudict chappitre, signée C. Richier, elles sont venues exprès en ceste ville de Nancy pour demander act et affirmation auxdictes religieuses du dépost qui a esté faict entre leurs mains des relicques de sainct Gauzelin, leur fondateur, en l'année mil six cent trente cinq, et de la garde saigneuse qu'elles en ont faict jusques à présent, sans aucun changement, en lieu décent de leurdict monastère, fermé soubs la clef, grille et barreaux, en sorte que personne n'y a touché ny pu toucher, et pour les sommer de leur restituer présentement ledict dépost. Lesquelles religieuses ont dict et affirmé, sur leurs vœux de religion, qu'en ladicte année mil six cent trente cinq, lesdictes relicques leur furent apportées par dame Jeanne de Montbéliart, dicte de Lautage, trésorière de ladicte église, et Anne de Montbéliard, sa sœur et niepce d'église, coadjutrice de madame Françoise Du Hautoy, pour lors abbesse ; elles les resceurent avec l'honneur et révérence requise et furent placées dans une aulmaire qui est dans une chambre dudict monastère ; ledict aulmaire fermé de bons ventillons et serrure qui a tousjours esté fermée à la clef demeurée ez mains desdictes dames, et ladicte aulmaire gardée soigneusement et diligemment par lesdictes religieuses, sans aucunement toucher, oster ny changer chose quelconque desdictes relicques, qu'elles sont prêtes de restituer avec pareille fidélité. Ce que faisant et exécutant en nos présences, ladicte clef ayant esté représantée par lesdictes dames, l'aulmaire a esté ouverte par le sieur Georges Marcant, prebtre, curé de St Sébastien de Nancy la nœuve, et s'est trouvé dans icelle lesdictes relicques qui ont esté monstrées et exposées par ledict sieur Marcant et l'antienne de sainct Gauzelin chanté par les sieurs Claude Thomassin et Jean Belin, tous deux prebtres, avec leurs cerpelis et sierges; et instament ont lesdictes relicques esté portées au carosse préparé pour le transport d'icelles jusqu'audict Bouxières et mises ez mains desdictes révérendes dames procuratrices dudict chappitre, qui les ont resceues et en ont baillé le présent act et décharge auxdictes religieuses. Ce qui fut faict et passé audict Nancy la nœuve, le huictiesme jour du mois d'octobre mil six cent cinquante neuf, huict heures du matin, en présence et à l'assistance d'Anthoine Pierson, pelletier, et François Chaudon, cordonnier, demeurant audict Nancy, tesmoins qui ont signé avec lesdictes dames religieuses et sieurs prebtres assistans.

S. Anthoinette Humbert. S. Claude Chamagne. S. Barbe Lambert.
S. Françoise Rattel. S. Louys Noirel. S. Elizabeth Villier.
C. A. de Schauwenbourgh. A. L. de Schauwenbourgh.
Claude Thomassin. Belin. Marcant.
Vincent. Pierson. Perrin. Villaume.
François Chaudon.

XVI.

Acte du transport des reliques de saint Gauzlin de Nancy à Bouxières.
1659.

Cejourd'hui huitiesme octobre mil six cent cinquante neuf, sur les neuf heures du matin, pardevant le tabellion juré au duché de Lorraine, résidant à Nancy, soubsigné, et les tesmoins au bas nommés, révérandes dames Claude Anthoinette de Schauwenbourgh, dame capitulante en l'église Notre-Dame de Bouxières, et Anne Louise de Schauwenbourgh, sa niepce, procuratrices du chapitre dudit Bouxières, étant venues en carosse depuis la ville de Nancy jusqu'au pont dudict Bouxières; auquel carosse estoient aussi pour assistans les sieurs Georges Marcant, prebtre, curé de la paroisse St Sébastien de Nancy la nœuvre, et Claude Thomassin, prebtre habitué de ladicte paroisse; et ayant rencontré au bout dudict pont, du costé dudict Bouxières, les révérandes dames abbesse, capitulantes et leurs niepces, sçavoir : dame Anne Catherine de Cicon, abbesse, Marie Anthoinette des Armoises de Senlis, niepce de ladicte dame Anne de Ludre; Elisabeth de Ludre; Christienne d'Haraucourt, Anne Catherine d'Haraucourt de Malbert, aussi niepce de ladicte dame abbesse, Virginie-Ursule de Custine, niepce de la dame Claude-Anthoinette de Schauwenbourgh de Bertrange, Dorothée Claire Dautel, niepce de ladicte dame abbesse, en présence des sieurs Jean Thieriet, Nicolas-François Mauclot, chanoines, et Louis Coquet, curé dudict Bouxières; César Le Bon, mayeur; Vauthier Vauthier, M^e^ échevin; Nicolas Marc, greffier; Michel Chomoy, sergent en la justice dudict lieu, et du sieur César Richier, prévôt dudict Bouxières, icelles dames procuratrices ont baillé et déposé les relicques du bienheureux St Gauzelin, leur fondateur, entre les mains desdicts sieurs Thieriet et Mauclot, qui les ont porté en l'église de St Martin, paroisse dudict Bouxières, où elles ont été reçues décemment et révéramment par ledict Sr Coquet, curé, et après les cérémonies faictes en ladicte paroisse, lesdicts sieurs chanoines et curé ont porté lesdictes relicques en l'église Notre-Dame dudict Bouxières, fondée par St Gauzelin, où lesdictes dames abbesse, capitulantes (et) niepces assistoient en procession avec la pluspart de la communauté dudit Bouxières, ayant lesdictes dames procuratrices juré et affirmé sur leur honneur que ce sont les mesmes relicques qu'elles ont retirées ce jourd'hui des mains des religieuses de St François d'Assize audict Nancy, dictes vulgairement sœurs grises, sans y avoir rien changé, supposé ni altéré; après laquelle affirmation icelles relicques ont esté reçues par lesdicts sieurs chanoines et curé, et posées révéramment dans la châsse dédiée et faicte expressément de la libéralité de ladicte dame abbesse, qui ont esté renfermées dans l'aulmaire où elles souloient estre cy-devant au derrière de l'autel St Gauzelin. Pendant quoy ce sont faictes diverses cérémonies d'église, le *Te Deum laudamus* chanté et plusieurs messes célébrées par lesdicts sieurs curé de St Sébastien, chanoines et curé de Bouxières, en présence et vue de toutes lesdictes dames et de plusieurs habitans et autres étrangers venus exprès pour la solemnité. Ladicte aulmaire où reposent lesdictes relicques de St Gauzelin fermée de trois serrures chacune avec sa clef différente, dont ladicte dame abbesse en tient une, ladicte dame de Ludre en tient une seconde, et ladicte dame de Schawembourg une troisième, toutes deux trésorières; de toutes lesquelles cérémonies act a esté dressé en ceste forme pour servir à l'advenir ce que de raison. Faict audict Bouxières les an et jour susdicts, en présence d'honorables Evrard Liébault, chirurgien, François Strepigny, demeurant audict Bouxières, tesmoins qui se sont soubsignés avec lesdicts sieurs prebtres assistans et dames dudict Bouxières.

Anne Catherine de Cicon, indigne abbesse.

C. A. de Schauwenbourg. M. A. des Armoises.
Elisabeth de Ludre. A. L. de Schauwembourg de Fontoy.
X. de Haraucourt. Anne de Haraucourt.
W. de Custine. Dorothée Claire Dautel.
Thieriet. Nicolas François. Mauclot, chanoine. E. Liébault.
De Strepigny. Michel Chomoy.
marque ✻ de César le Bon. N. Mars, greffier. L. Coquet.
G. Marcant. Claude Thomassin. Richier. Perrin. Vuillaume.

XVII.

Inventaire des reliques de saint Gauzlin et leur translation dans une nouvelle châsse.

1734.

—

Cejourd'hui douzième janvier mille sept cent trente quatre.

Nous dames abbesse, chanoinesses et chapitre de l'insigne église collégiale et séculière de Nôtre Dame de Bouxières, étant assemblées extraordinairement en nôtre ditte église, sçavoir : dame Anne Marie d'Eltz, abbesse ; dame Catherine Aymée de Trestondam Danisy, doyenne ; dame Antoinette Meschatin de Verfeü, dame Claude Antoinette de Schawembourg, dame Reine Magdelaine d'Eltz d'Ottange, dame Anne Marie de Warsberg et dame Jeanne Françoise de Briey, dames capitulantes ; à laquelle assemblée se sont trouvées les niepces pour cette fois, sçavoir : dame Elizabeth de Lantage, dame Reine Magdelaine d'Hunolstein et dame Marie Françoise d'Eltz de Kempenich, toutes dames présentes, et les dames absentes sont dame Anne Catherine de Landres, dame capitulante ; dame Anne Philippe Henriette d'Eltz, dame Antoinette de Mhouswaldt et dame Anne Marie de Zuckmantel, touttes dames composantes ledit chapitre ; après qu'il a été proposé par lesdittes dames qu'ayant eû dessein de transférer les précieux ossemens de nôtre bienheureux fondateur saint Gauzelin, de la châsse donnée par feue Madame de Cicon, cy-devant abbesse dudit Bouxières, dans une neuve plus magnifique que nous avons fait faire et orner, provenante tant des débris de l'ancienne que des bien-faits dudit chapitre et d'un don considérable que ladite dame d'Eltz, abbesse, a fait en son particulier : à quoy procédant, les sieurs Jean Claude Berrard et François César Duchêne, chanoines audit Bouxières, convoquez et appelez pour faire eux-mêmes l'ouverture du coussin qui enveloppoit les précieux ossemens ; lesquels, en nôtre présence, ont reconnus les ossemens dont l'inventaire suit, sçavoir : deux grands os de la cuisse, dont l'un est fendu en deux et escorné par le gros bout ; deux autres gros os de la jambe, les deux grands os de derrier la jambe, un entier et l'autre en trois morceaux ; un os de la hanche ; seize os de la chiné du dos ; quatrevingt trois autres os tant des côtes, de la mâchoire, que des pieds et des mains, et autres morceaux qui auroient été brisez ; ayant trouvé dans un petit sac à part quatre dents et un bout d'ossement qui a été rejoint au gros de l'os ; lesquels ossemens et reliques, au nombre de cent et dix morceaux, ont été remis fidellement dans la même bourse de taffetas blanc, enveloppée d'un satin incarnat, pour être enfermés dans cette nouvelle châsse, à la réserve des quatre dents que nous avons tiré pour mettre dans un reliquaire en particulier, ainsy que les os du bras et du chef y sont déjà ; laquelle châsse a été fermée à la clef après que le présent procès-verbal y a été mis à l'instant ; icelle clef mise et fermée sous trois clefs dans une armoire qui est à la chambre dudit chapitre. En foy de quoy avons toutes signées, avec lesdits sieurs chanoines et le sieur Verlet, nôtre secrétaire. Fait et arresté sur les cinq heures du soir, ledit jour douze janvier mille sept cents trente quatre.

A. M. d'Eltz, abbesse. A. C. de Trestondam Danisy, doyenne.
Meschalin. C. A. de Schauwenbourg. R. M. d'Eltz.
M. de Warsberg. J. F. de Bricy. d'Hunolstein. E. de Lantage.
d'Eltz de Schemitberg. J. C. Bérard. C. Duchêsne. Verlet, prévot.

XVIII.

Procès-verbal de reconnaissance des reliques de saint Gauzlin, et acte de leur dépôt à la Cathédrale de Nancy.

1801-1803.

—

Nos infra-scripti, ad diœcesim Nanceiensem administrandam à Reverendissimo Annâ-Ludovico-Henrico de la Fare, episcopo nostro, propter fidem catholicam exule, delegati, pro concessâ nobis ab illo facultate, testamur magnam ossium S. Gauzelini Tullensis episcopi partem, intùs panno bombycino albo involutam quodque includitur pulvillo oblongo panni serici rubri, in tribus lateribus consuto, ad nos certam et indubiam pervenisse. Extractaque nempè est certò certiùs è capsâ has sacras reliquias continenti, et in ecclesiâ Buxeriensis (vulgò de Bouxières), canonicarum nobilium capituli, jampridem olim venerationi fidelium interdùm expositâ. Porrò persecutionis atrocis tempore à *Jacobinis* exagitatæ contrà religionem catholicam et res sacras, cùm homines nefarii terrores indesinenter commoverent et mala qualibet minitarentur omnibus piis et probis, prædicta capsa, ne fieret causâ mortis illius penès quem deprehenderetur, combusta fuit, et prædicta sacra ossa cum suo pulvillo in profundo occultata, fuerunt à profanatione feliciter liberata, attamen salva remanserunt. Hac deindè, integro statu, à nobis diligenter et accuratè fuerunt recognita.

Quapropter ne disturbari queant hac sacra ossa, funiculum sericum rubri coloris, cujus extremitatibus sigillo diœcesis Nanceiensis firmatis in tribus suturis lateralibus disposuimus, ita ut prædictum pulvillum non possit aperiri quin abscindatur pannum aut frangatur funiculum.

Quas quidem reliquias sacras venerationi fidelium exponendi licentiam, nomine quo agimus et quantùm necessitas exigit, renovamus et concedimus, dummodò in capsâ decenti reverenter collocatæ sint.

In quorum omnium fidem præsentibus nostro chirographo subscriptis prædictum diœcesis Nanceiensis sigillum apposuimus. Nanceii anno Domini millesimo octingentesimo primo, die vero septembris vigesimo.

Jacquemin
provic. gén.

G. Mollevaut
provic. gén.

Charlot
provic. gén.

Vidimus, probavimus et fidelium venerationi exponi permisimus.

Datum Nanceii, die 17ª januarii, anni 1803.

† Ant. Eust. ep. Nanceiensis.

Duo ossa majora sancti Gauzelini è capsâ prædictâ, deinde reclusâ continente cæteras reliquias ejusdem S^ti pontificis, extraximus et reposuimus in hac arcâ, venerationi que fidelium exposuimus, solemni cum apparatu, die 30ª Augusti 1803, die verò 12ª fructidoris an. XI.

† Ant. Eust. ep. Nanceiensis.

De mandato illust. Rev. Episcopi Nanceiensis.

Lacretelle
p. Dufour.

Prædictæ reliquiæ sancti Gauzelini tullensis episcopi et fundatoris ecclesiæ capitularis Buxeriensis a D. Josepho Raibois olim hujusce capituli præposito, ecclesiæ cathedrali nanceiensi oblatæ atque donatæ sunt unâ cum calice, patenulâ et libro Evangeliorum ad usum sancti pontificis, qui in hac arca continentur.

Hac arca ante novissima tempora recondebat reliquias sancti Sigisberti, penè confracta, in statum decentiorem restituere curavi, et presente DD. RR. episcopo Antonio Eustachio, comitantibus capitulo ecclesiæ cathedralis atque clero civitatis; præsentes reliquiæ cultu solemniori in ea reconditæ sunt, 31 augusti anni ab incarnatione Domini 1803, Reipl. vero gallicæ XI, mensis fructidoris 13ª.

Charlot pastor paroch. B. Virg. in ecclesia Cathedrali.

LÉGENDE

POUR

SERVIR AU PLAN DE L'ÉGLISE DE BOUXIÈRES.

A. Nef principale de l'église.

B. Abside.

CCC. Transept.

D. Porte par laquelle les chanoinesses entraient dans l'église.

E. Escalier qui y conduisait.

F. Porte conduisant dans le cloître.

GGG. Cloître.

H. Citerne au milieu du cloître.

IIIII. Chapelles.

K. Sacristie.

LLL. Logement du sacristain.

M. Salle du chapitre.

NNNNN. Parties de l'abbatiale.

Nota. On a teinté en noir les portions de l'église qui existent encore.

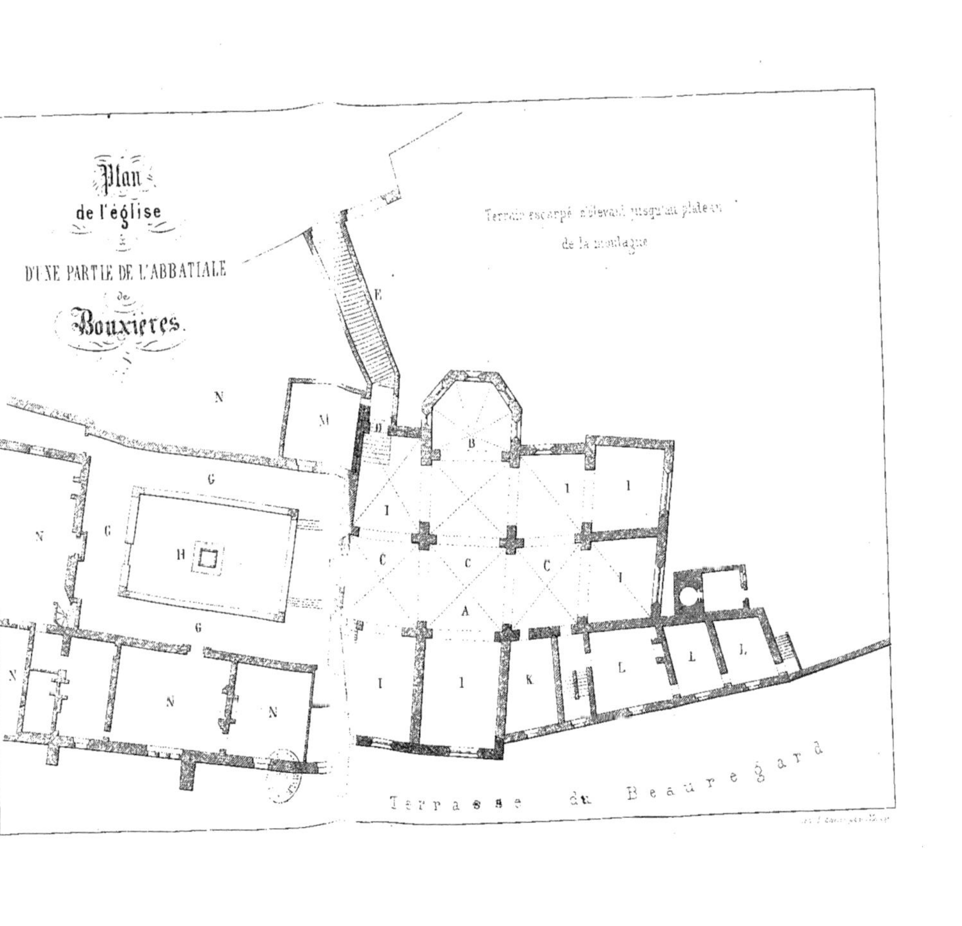
Plan
de l'église
&
D'UNE PARTIE DE L'ABBATIALE
de
Bouxières.
Terrain escarpé s'élevant jusqu'au plateau
de la montagne
Terrasse du Beauregard

www.ingramcontent.com/pod-product-compliance
Ingram Content Group UK Ltd.
Pitfield, Milton Keynes, MK11 3LW, UK
UKHW020254250726
13967UKWH00004B/1672